中华经典精粹解读

左 传

张庆利 米晓燕 王丽英 编著

中華書局

图书在版编目（CIP）数据

左传/张庆利，米晓燕，王丽英编著．—北京：中华书局，2011.10（2024.7重印）

（中华经典精粹解读）

ISBN 978-7-101-08155-8

Ⅰ.左…　Ⅱ.①张…②米…③王…　Ⅲ.①中国历史-春秋时代-编年体②左传-注释③左传-译文

Ⅳ.K225.04

中国版本图书馆 CIP 数据核字（2011）第 169934 号

书　　名　左　传

编 著 者　张庆利　米晓燕　王丽英

丛 书 名　中华经典精粹解读

文字编辑　董慧洁

责任编辑　胡香玉

责任印制　陈丽娜

出版发行　中华书局

（北京市丰台区太平桥西里 38 号　100073）

http：//www.zhbc.com.cn

E-mail：zhbc@zhbc.com.cn

印　　刷　天津画中画印刷有限公司

版　　次　2011 年 10 月第 1 版

2024 年 7 月第 5 次印刷

规　　格　开本/880×1230 毫米　1/32

印张 5⅜　插页 1　字数 200 千字

印　　数　22031-25030

国际书号　ISBN 978-7-101-08155-8

定　　价　39.80 元

出版说明

在快节奏的现代生活中，如何在有限的时间里读到中国传统文化中最经典的著作？怎样才能尽快领略到经典的核心要义，减少在茫茫书海中不得要领的辛苦？“中华经典精粹解读”丛书正是为适应当代读者需求而特别编写的国学经典普及丛书。

丛书“精粹”二字体现在两个方面：一是所选典籍均为中国传统文化中最具代表性的著作，二是所选文段均为经典中的精华部分。

原文后附“扩展阅读”，是参照原文选段，从其他经典著作中选摘出的内容、思想与本段相关的语段，以使读者获得比较阅读的乐趣，视野得以开阔，思路得以拓宽，从而更加全面深入地理解选文。

段末“点评”，是在充分尊重前人思想成果的基础上，从当代人的视角出发，对文段精髓加以讨论解读，以唤起读者更多的思索和体悟。

原文选段及扩展阅读选段之后，辅以侧重语词解释的注释和串讲文意的译文，不作繁琐考证，以助理解；生僻字词均加注汉语拼音，以利诵读。

本套丛书选用中华书局出版的权威版本作为底本，由富有研究成果的专家学者协力遴选篇章、撰写导言及点评，在此对专家学者们“撷取务精、注释务准”的专业精神表示由衷谢意。

藉由此书，我们愿为古典文学爱好者以及有兴趣了解经典的读者奉上可参考的常备读本。希望我们的努力可以为传统经典贴近当代读者、当代读者走近传统经典助力。

中华书局编辑部

2011 年 9 月

导　言

《左传》是一部编年体历史著作，同时也是一部优秀的历史散文著作。

《左传》的作者一般认为是左丘明。如司马迁在《史记·十二诸侯年表》序中明确说道："鲁君子左丘明惧弟子人人异端，各安其意，失其真，故因孔子史记具论其语，成《左氏春秋》。"左丘明，复姓左丘，据说是公元前六至五世纪鲁国昭、定、哀时代的盲人史官。他不一定是天生的盲人，名叫"明"，可能是双目失明以后起的。孔子对他很敬佩，曾说："巧言，令色，足恭，左丘明耻之，丘亦耻之；匿怨而友其人，左丘明耻之，丘亦耻之。"（《论语·公冶长》）意思是花言巧语，虚伪作态，一味恭顺，左丘明认为可耻，我也认为可耻；内心藏着怨恨，表面上却同他要好，左丘明认为可耻，我也认为可耻。由此可见，左丘明是一个很正直的人，这是他客观叙写历史的重要思想基础。

关于《左传》的写作，一个很有影响的说法，如上述司马迁所言，是为了阐释孔子修订的鲁国史书《春秋》的。据说《春秋》流传开来之后，很快成为贵族子弟日常学习的课本之一，但《春秋》记事十分简略，难以尽知其详，而且其中的"微言大义"也不易为一般人所参透。因而汉代以前出现了许多解释《春秋》的学术派别，汉代传习的尚有五家：左氏、公羊氏、穀梁氏、邹氏和夹氏。现在流传下来的是三家，这就是所谓的"春秋三传"：《左传》《公羊传》和《穀梁传》，因而《左传》又称《春秋左氏传》或《左氏春秋》。实际上，只要我们把"春秋三传"与《春秋》稍作比较，就可以看清楚各书的性质与特点。如隐公元年，《春秋》上说："夏，五月，郑伯克段于鄢。"而《公羊传》则说：

"克之者何？杀之也。杀之则曷为谓之克？大郑伯之恶也。曷为大郑伯之恶？母欲立之，己杀之，如勿与而已矣。段者何？郑伯之弟也。何以不称弟？当国也。"《左传》和《穀梁传》的记载可见本书《郑伯克段于鄢》的正文和扩展阅读。两相比较，我们不难看出，《公羊传》和《穀梁传》紧紧围绕《春秋》所记，解释其用词，概括其记事，揣摩其用意，是专为解释《春秋》而作的。而《左传》则详细叙写事件的起因、经过、结果，人物的言行乃至形象也在叙述中得到了完整的展现。因而我们可以说，无论从思想观点、取材范围，还是从文笔风采上，都可以看出《左传》并非是解释孔子《春秋》的，而是一部独立的春秋时代的编年史，它只是沿用了《春秋》的编史线索而已。

《左传》全书六十卷，十八万零二百七十三字，超过孔子《春秋》十倍有余。它的记事编年从鲁隐公元年（前 722 年）到鲁哀公二十七年（前 468 年），比较详细地记述了春秋时代各国的政治、军事、外交、文化等方面的情况，汇集和保存了大量春秋时代各国的史料，具有重要的历史文献价值，也具有很高的文学价值。

春秋时期的民本思想，在《左传》中多有反映。它常通过一些历史事件，说明民在政权得失和战争胜败上的重要作用。如书中记述，鲁国大臣季氏由于采取了有利于民的措施而取得了鲁国的政权，鲁昭公却因为失掉民心而被逐出国。《左传》写战争的胜负，往往在统治者是否能争得民心上找教训。僖公二十八年晋楚城濮之战，楚师大败，楚国荣季说："非神败令尹，令尹其不勤民，实自败也。"作者还常常借历史人物之口，反复强调民的重要地位和作用，如随国大夫季梁说："夫民，神之主也，是以圣王先成民而后致力于神。"虢国太史嚚说："国将兴，听于民；将亡，听于神。"民本思想是当时的进步思想，《左传》的作者以敏锐的思想触角抓住并记录了这样一些史料，表明思想观点，反映出进步的思想倾向。

《左传》记述了很多爱国人士不顾个人安危勇赴国难的感人事

迹，歌颂了这些人物的爱国情怀。如“孔丘在齐鲁夹谷会盟中”“申包胥乞秦师”等。“申包胥乞秦师”写楚臣申包胥在郢都被破、楚国岌岌可危之际，昼夜兼程去秦国乞求救兵。可是，秦哀公顾虑重重，婉言辞绝。申包胥就站在秦国宫廷墙边嚎啕大哭，日夜不停，一连哭了七天七夜，使秦哀公大受感动，也忍不住流下眼泪，终于出师击退吴军，挽救了楚国。

左丘明本着“不隐恶”的态度，对统治阶级内部的矛盾，诸如勾心斗角、争权夺利、僭越篡逆、互相残杀，和贵族们的荒淫无耻、奢侈糜烂的生活以及他们虚伪奸诈、贪婪残暴的性格，也进行了如实的记录和描写。“郑伯克段于鄢”写郑庄公兄弟、母子的骨肉相残，“晋灵公不君”写晋灵公的暴虐成性，“陈灵公通夏姬”写陈灵公的荒淫无耻，都暴露了贵族统治者的本质。

《左传》主要是作为一部历史著作而传世，但从文学的角度而言，它作为先秦历史散文的代表，在中国文学史上也有着重要的地位。

左丘明善于抓住主要事件，把庞杂纷纭的历史材料加以精心剪裁和安排，使之故事化。用刘熙载《艺概》里的话说就是“纷者整之，孤者辅之，板者活之，直者婉之，俗者雅之，枯者腴之”。如“郑伯克段于鄢”中，作者略写“克段于鄢”的战争经过，而详写这场战争的起因及矛盾不断激化的过程，以集中笔墨刻画人物，揭示其内心世界，从而突出文章的主题。唐代刘知己在《史通·杂说》中，高度评价了左丘明的叙事艺术，他说：“左氏之叙事也：述行师则簿领盈视，哤聒沸腾；论备火则区分在目，修饰峻整。言胜捷则收获都尽，记奔败则披靡横前，申盟誓则慷慨有余，称谲诈则欺诬可见，谈恩惠则煦如春日，纪严切则凛若秋霜，叙兴邦则滋味无量，陈亡国则凄凉可悯。或腴辞润简牍，或美句入咏歌。跌宕而不群，纵横而自得。”

左丘明善于通过对话和行动写人。“秦晋殽之战”中，先轸得知晋襄公听从晋文公夫人文嬴的请求而把秦囚放走后，气得捶胸顿足、破口大骂：“将士在战场上用很大力气才俘获他们，妇人在国内刹那间就把他们放走了，毁灭了战争的胜利果实而助长了敌人的嚣张气焰，晋国快要灭亡了。”一边骂不绝口，一边随地吐唾。先轸在盛怒之下，不顾君臣尊卑，直呼文公夫人为“妇人”，又用吐唾沫的行为表示他对襄公头脑简单、放虎归山的做法强烈不满，这就把先轸的暴烈、胆识和对晋国的至诚，传神地刻画出来。此外，如谏假道的宫之奇、论战的曹刿、退秦师的烛之武、哭师的蹇叔等等，都写得栩栩如生，呼之欲出。

《左传》还长于描写战争。经它所记的大大小小军事行动有四百余起，发生在当时的许多著名大战役，都是通过它周详而生动的描写，才流传下来并成为我国军事史上的重要战例的。如晋楚城濮之战、秦晋殽之战、齐晋鞌之战等等，都记述得首尾完整、具体生动。《左传》描写战争的一个突出特点是，不仅仅把战争看作是刀光剑影的搏斗，而是将战争视为一种复杂的社会现象加以全面叙述，先写战争双方的政治情况、人心的向背、对战争的准备，以及各种外交上的斗争，然后才写到战场上的交锋。而对于战斗本身的描写，往往也着重写战术的成功或失误，使人深刻地感到战争的胜负决非偶然。如晋楚城濮之战，作者直接写到战争的文字并不多，而对晋、楚两国战前的外交纠纷、君臣情况、兵力士气等作了充分的描写，以至于双方的胜负早就在读者的料想之中了。《左传》对战争的记述，反映了春秋时期列国争霸、战火纷飞，大国兼并小国，强国灭掉弱国的时代特点，表现出一种不可逆转的历史发展趋势。

语言精练，含蕴丰富，是《左传》在艺术上的又一个特点。如隐公元年记郑伯克段于鄢，整个过程郑庄公只说了三句话：“多行不义必自毙，子姑待之”“无庸，将自及”“可矣”，但郑庄公老谋深算、阴险狡诈的个性特点已跃然纸上，他在整个事件过程中的复杂心理活动也昭然若揭。刘知己在《史通》中曾评论其语言道：“言近而旨远，辞浅而义深，虽发语已殚，而含意未尽，使读者望表而知里，扪毛而辨骨，睹一事于句中，反三隅于句外。”《左传》善于写行人辞令，有许多精彩的篇章，如僖公四年屈完对齐侯、僖公二十六年展喜犒秦师、僖公三十年烛之武退秦师、成公三年知罃对楚王等等，都写得不卑不亢、刚柔相济，显示出作者驾驭语言的高超能力。

本书选择了《左传》中脍炙人口、流传深广，又有许多现实意义和多种启发意义的文段28篇，加以释解。前面说过，《公羊传》《穀梁传》与《左传》的性质和特点有所不同，但《左传》毕竟沿用了《春秋》的编史线索，所记也都是春秋时事，因而“春秋三传”的记事可以互相印证，所以本书在“扩展阅读”中选择了二书的有关文段，与《左传》相互参照。先秦时期的另外一部历史著作《国语》，也有较高的文学价值。该书虽经历代学者研究，已经公认为并非出自左丘明之手，但其思想倾向却与《左传》有许多相通之处，其长于记言的特点亦可与《左传》的善于记事互为映照。所以本书也选择了《国语》中的相关文段，放在“扩展阅读”中以与《左传》的选文对照阅读。

中国很早就有记史的传统，重视历史是中华民族的良好品格。我们研究历史，不仅仅是为了了解中华民族发生发展的进程规律，还要从中总结兴衰成败的经验教训，还要以此获得奋发前进的人生启迪。愿这本小书能够引导你在历史的长河中遨游，在现实的风浪中搏击。

编　者

目　录

郑伯克段于鄢

隐公元年

初，郑武公娶于申，曰武姜，生庄公及共叔段。庄公寤生①，惊姜氏，故名曰“寤生”，遂恶之。爱共叔段，欲立之，亟请于武公②，公弗许。

【注释】

①寤生：指难产。寤，同“牾”，胎儿脚先出来。

②亟（qì）：多次。

【译文】

当初，郑武公从申国娶妻，名叫武姜，生了庄公和共叔段。生庄公时难产，使武姜受惊，所以起名叫寤生，也因此武姜不喜欢他。武姜喜欢小儿子共叔段，想立他为太子，并且多次向武公提出请求，但武公没有同意。

及庄公即位，为之请制①。公曰：“制，岩邑也②，虢叔死焉③，佗邑唯命④。”请京⑤，使居之，谓之京城大叔⑥。

【注释】

①制：地名，又名虎牢，在今河南荥（xíng）阳西北，原为东虢（guó）故地。

②岩邑：险要的城邑。

③虢叔：东虢国君主，为郑武公所灭。　死焉：死在那里。

④佗：同“他”。　唯命：唯命是听。

⑤京：地名，在荥阳东南。

⑥大（tài）：后来写作“太”。

【译文】

等到郑庄公即位后，武姜又为共叔段请求制这个地方做封邑。庄公说：“制是个险要的地方，东虢国君死在那里，其他的地方唯命是听。”于是请求京这个地方，庄公同意了武姜的请求，让共叔段居住在那里，人们称他为京城太叔。

祭仲曰[①]：“都城过百雉[②]，国之害也。先王之制，大都不过参国之一[③]，中五之一，小九之一。今京不度[④]，非制也[⑤]，君将不堪[⑥]。”公曰：“姜氏欲之，焉辟害[⑦]？”对曰：“姜氏何厌之有[⑧]？不如早为之所，无使滋蔓。蔓，难图也。蔓草犹不可除，况君之宠弟乎？”公曰：“多行不义必自毙[⑨]，子姑待之[⑩]。”

【注释】

①祭（zhài）仲：郑国大夫。

②城：指城墙。　雉：古代规定，城墙长三丈、高一丈为一雉。

③参国之一：国都的三分之一。按古制，侯伯之国，城墙为三百雉，三分之一就是百雉。

④不度：不合法度，不合规定标准。度，法度，制度。这里用作动词。

⑤非制：不合先王的制度。
⑥不堪：受不了。
⑦辟：躲避，“避”的古字。
⑧厌：同“餍”，满足。
⑨毙：仆倒。
⑩姑：姑且。　之：代词，指共叔段自毙的事。

【译文】

祭仲进谏说：“一般都邑的城墙超过百雉，将会成为国家的祸患。先王规定，大的都邑不能超过国都的三分之一，中等的不能超过五分之一，小的不能超过九分之一。现在京邑的建设不按规定的标准，不合于先王的制度，君王会受不了的。”庄公说：“姜氏想要这样做，又怎么能躲开祸患呢？”祭仲对答说：“姜氏怎么会有满足呢？不如早处置段，不使他势力滋长蔓延。蔓延，就很难办。蔓延的荒草尚且不好消除，何况您受宠的弟弟呢？”庄公说：“多做不义的事，必然自己摔跌，你就等着吧。”

既而大叔命西鄙、北鄙贰于己①。公子吕曰：“国不堪贰②，君将若之何？欲与大叔，臣请事之；若弗与，则请除之。无生民心③。”公曰：“无庸④，将自及。”

【注释】

①鄙：边境地方。　贰：两属。“贰于己”意思是使原来属于郑庄公管辖的西北边邑也同时臣属于自己。
②不堪贰：受不了两属的情况。
③无生民心：不要使民生二心。
④无庸：不用。庸，用。

【译文】

不久太叔又命令西部、北部边境地区同时听命于自己。公子吕进谏说："国家受不了两属的情况，您将对这种情况怎么办？您要是打算把国家让给段，请您允许我侍奉他；如果不能让与，就请求您除掉他。不能让百姓生出二心。"庄公说："不用管他，他将自取灭亡。"

大叔又收贰以为己邑，至于廪延[①]。子封曰[②]："可矣，厚将得众[③]。"公曰："不义不暱[④]，厚将崩[⑤]。"

【注释】

①廪延：地名，在今河南延津北。

②子封：公子吕的字。

③厚：指土地扩大。

④暱（nì）：同"昵"，亲近。

⑤崩：山塌，这里指垮台。

【译文】

太叔进而收取两属的地方作为自己的封邑，一直到廪延。公子吕说："可以下手了，土地扩大将得到更多的百姓。"庄公说："不讲道义又不讲亲情，土地扩张得越多灭亡得越快！"

大叔完聚[①]，缮甲兵[②]，具卒乘[③]，将袭郑，夫人将启之[④]。公闻其期，曰："可矣！"命子封帅车二百乘以伐京[⑤]。京叛大叔段，段入于鄢[⑥]，公伐诸鄢。五月辛丑[7]，大叔出奔共[8]。

【注释】

①完：修治城郭。　聚：聚集粮草。

②缮：修整。

③具：准备。

④启：开。指武姜打算打开城门接应共叔段。

⑤帅：通“率”。

⑥鄢：地名，在今河南鄢陵北。

⑦辛丑：二十三日。

⑧出奔：指逃到外国避难。　共：国名，在今河南辉县。

【译文】

太叔修治城郭，聚集粮食，修整铠甲和武器，准备士兵和兵车，将要攻打都城，姜氏则将为他打开城门做接应。庄公得知了他们约定的时间，说道：“可以了。”于是命令公子吕率二百辆兵车讨伐京邑。京邑人也倒戈反击，太叔逃到鄢地。庄公亲自率兵到鄢攻击他。五月二十三日，段又逃往共国。

遂寘姜氏于城颍[1]，而誓之曰：“不及黄泉[2]，无相见也！”既而悔之。

【注释】

①寘：同“置”，放逐。　城颍：地名，在今河南临颍西北。

②黄泉：地下的泉水，通常指阴间。

【译文】

于是庄公把姜氏安置到城颍，并且对她发誓说：“不到黄泉，永不相见！”不久又感到后悔。

颍考叔为颍谷封人[①]，闻之，有献于公。公赐之食，食舍肉[②]。公问之，对曰：“小人有母，皆尝小人之食矣，未尝君之羹[③]，请以遗之[④]。”公曰：“尔有母遗，繄我独无[⑤]！”颍考叔曰：“敢问何谓也？”公语之故，且告之悔。对曰：“君何患焉？若阙地及泉[⑥]，隧而相见[⑦]，其谁曰不然？”公从之。公入而赋[⑧]：“大隧之中，其乐也融融！”姜出而赋：“大隧之外，其乐也洩洩[⑨]！”遂为母子如初。

【注释】

①封人：镇守边疆的地方长官。

②舍：“捨”的古体，放着。

③羹：带汁的肉食。

④遗（wèi）：赠与，送给。

⑤繄（yì）：句首语气词，无实义。

⑥阙：通“掘”，挖。

⑦隧：这里用作动词，挖隧道。

⑧赋：赋诗。

⑨洩洩（yì）：意同“融融”，形容和乐自得的样子。

【译文】

颍考叔是颍谷的地方长官，听到这件事后，就找机会给庄公进献礼物。庄公赏赐他吃饭，吃饭的时候他把肉放在一边不吃。庄公问他为什么，他说：“臣下有老母，吃的都是臣下的食物，从未尝过君王的肉食，请您允许我把这些肉带给她。”庄公说：“你有母亲可送，我却没有这样的福分！”颍考叔故作诧异道：“请问这是什么意思？”庄公说明事情的原委，并且告诉他自己的悔恨之意。颍考叔说：“君王忧虑什么呢？假如挖地深及泉水，在隧道中相见，那么谁能说不是黄泉相见呢？”庄公听从了他的建议。庄公进入隧道，赋诗说：“身在大隧中，心里乐融融！”武姜走出隧道，赋诗说：“身出大隧外，心情真畅快！”于是母子和好如初。

君子曰[①]：“颍考叔，纯孝也。爱其母，施及庄公[②]。《诗》曰[③]：‘孝子不匮[④]，永锡尔类[⑤]。’其是之谓乎？”

【注释】

①君子：《左传》中习用的发表评论的方式，或者只是作者的假托。

②施（yì）：推广，延伸。

③《诗》：即《诗经》。这两句诗见于《诗经·大雅·既醉》。

④不匮：无穷无尽。

⑤锡：同“赐”，给予。

【译文】

君子说：“颍考叔是纯粹的孝子。爱他的母亲，并将这种影响扩大到庄公。《诗经》中说：‘孝子之心没有穷尽，永远影响同类人。’说的就是这种情况吧？”

扩展阅读

“克”者何？能也。何能也？能杀也。何以不言杀？见段之有徒众也①。段，郑伯弟也。何以知其为弟也？杀世子母弟，目君②，以其目君知其为弟也。段，弟也，而弗谓弟③；公子也，而弗谓公子，贬之也④。段失子弟之道矣，贱段而甚郑伯也⑤。何甚乎郑伯？甚郑伯之处心积虑成于杀也。于鄢，远也⑥，犹曰取之其母之怀中而杀之云尔，甚之也。然则为郑伯者宜奈何？缓追逸贼⑦，亲亲之道也。

（《穀梁传·隐公元年》）

【注释】

①徒众：士兵和百姓。

②目：称的意思。

③这是指责共叔段与兄长郑庄公争夺政权。

④贬：贬责，批评。

⑤甚郑伯：于郑伯为甚。甚，更加厉害。

⑥远：远离都城。

⑦逸：逃亡。　贼：作乱叛国危害人民的人，这里指共叔段。

【译文】

“克”是什么意思？就是“能够”。能够做什么呢？能够杀人。为什么不说是“杀”呢？因为共叔段拥有自己的士兵和百姓。共叔段是郑伯的弟弟。为什么知道他是弟弟呢？杀世子同母弟，称郑伯为君，因《春秋》称郑伯为君知共叔段为弟弟也。共叔段是国君的弟弟，而不称他为弟弟；共叔段是郑国的公子，但也不称他为公子，这是对他的贬斥。因为共叔段已经丧失了作为一个公子和弟弟的道德义务，但《春秋》贬责共叔段意在更加贬责郑庄公。为什么更加贬责郑庄公呢？在于庄公想尽一切办法，最后蓄谋做成了杀弟弟的事。“于鄢”表明共叔段已经跑到远离郑国都城的地方了，但庄公依然想追杀他，这就好比说是从母亲的怀中夺过婴儿杀掉，庄公太过分了。既然这样，那么对郑庄公来说应该怎么办才好呢？就是不要急着追杀已经逃亡了的共叔段，这才是对兄弟相亲相敬的友爱之道。

点评

“郑伯克段于鄢”像是一场闹剧。权势之争中，来来往往的人物带着伪善的面具，母子相隙，兄弟争锋。武姜因为难产怀恨庄公，因为偏爱共叔段便不断地提出毫无原则的请求，甚至母子联合要置庄公于死地！而庄公对母亲和弟弟也同样毫不留情，姑息养奸，蓄谋杀弟，甚至弟弟逃到鄢地也不放过，并发誓与其母“不到黄泉，永不相见”，直到颍考叔为他出了一个主意，两人才得以相见。

“春秋无义战”，翻开《左传》，充斥于我们眼帘的到处是攻、伐、克、杀、戮等血淋淋的事实。子杀父、臣杀君的事屡见不鲜，为此文字学家专门造了一个“弑”字指称这种行为。在这些权力与地位的斗争中，脉脉的亲情显得那么无力，那么脆弱。

在现代社会，兄弟反目、父子成仇的事件也同样屡见不鲜，很多“利令智昏”的人在权力、金钱面前忘却了亲情，忘却了职责。这就该让我们深思，在利益面前，我们应该保持什么样的操守？为了个人的私利，我们是否就把亲情、友情放在一边？做一个正直、善良的人，还是做一个见利忘义的人？对这些问题作认真思考，找到一个正确答案，我们才有可能真正立于不败之地。

周郑交质

隐公三年

郑武公、庄公为平王卿士①。王贰于虢②，郑伯怨王。王曰："无之。"故周、郑交质③。王子狐为质于郑，郑公子忽为质于周。

【注释】

①卿士：周朝的执政官。郑武公、庄公相继做过周朝的司徒。郑在西周末受封，与周平王为近亲。东周立国主要靠郑的帮助。郑的国君是国君又是王臣。

②贰：二心，不专一。周平王不满郑庄公的专政，所以暗中分一部分权力给虢公。

③交质：交换人质。

【译文】

郑武公、庄公相继做过周平王的执政官。平王暗中又将朝政分托给虢公，为此郑庄公责怨平王。平王说："没有那回事。"所以周朝与郑国交换人质。周王子狐到郑国做人质，郑公子忽到周做人质。

王崩，周人将畀虢公政[①]。四月，郑祭足帅师取温之麦[②]。秋，又取成周之禾[③]。周、郑交恶[④]。

【注释】

①畀（bì）：给予，付与。

②祭足：郑大夫祭仲。　温：周的一个邑名，在今河南温县西南。

③成周：东周首都洛邑。

④交恶：相互怀恨，关系破裂。

【译文】

平王死，周人准备把朝政交给虢公执掌。四月，郑国的祭仲率领军队强割了王室所管的温地的麦子。秋天，又强割了成周的谷子。于是，周朝和郑国结下了仇恨。

君子曰："信不由中[①]，质无益也。明恕而行[②]，要之以礼[③]，虽无有质，谁能间之[④]？苟有明信，涧、谿、沼、沚之毛[⑤]，蘋、蘩、薀、藻之菜[⑥]，筐、筥、锜、釜之器[⑦]，潢污、行潦之水[⑧]，可荐于鬼神[⑨]，可羞于王公[⑩]，而况君子结二国之信[⑪]，行之以礼，又焉用质？《风》有《采蘩》

《采蘋》[12]，《雅》有《行苇》《泂酌》[13]，昭忠信也[14]。”

【注释】

①信不由中：诚信不是出自内心。中，同“衷”。

②明恕：开诚布公，互相体谅。

③要（yāo）：约束。

④间（jiàn）：离间。

⑤涧、谿、沼、沚（zhǐ）：两山间的水叫涧，流向大河里的水叫谿，曲池为沼，水中小洲叫沚。

⑥蘋（píng）：水草名，即大萍，也叫田宇草。蘩：白蒿。薀、藻：水草。

⑦筐、筥（jǔ）：盛物的竹器，方形为筐，圆形为筥。锜（qí）、釜：铁锅，有足为锜，无足为釜。

⑧潢（huáng）污：停积不流的水。行潦（lǎo）：道路上的积水。

⑨荐：进献。

⑩羞：进献。

⑪结：缔结。

⑫《风》：指《诗经》中的《国风》。《采蘩》《采蘋》均在《召南》中。

⑬《雅》：指《诗经》中的《雅》。《行苇》《泂（jiǒng）酌》均在《大雅》中。

⑭昭：昭示，表明。

【译文】

君子说："诺言没有诚意，即使交换人质也没什么用处。若能开诚布公相互谅解而后行事，又用礼义加以约束，即使没有人质，谁能离间他们？假如真有明德诚信，即使是山涧、溪水、池塘、河洲等地生长的水草，大萍、白蒿、蕰、藻一类的野菜，方筐、圆筥这样的竹器以及锜釜等炊具，甚至大大小小的滞水和雨水，都可以祭献鬼神，进奉王公，更何况是君子缔结两国盟约，按照礼义行事，又哪里用得着人质呢？《国风》中有《采蘩》《采蘋》，《大雅》中有《行苇》《泂酌》，都是表明忠信的。"

扩展阅读

文公伐原[①]，令以三日之粮。三日而原不降，公令疏军而去之[②]。谍出曰[③]："原不过三日矣！"军吏以告，公曰："得原而失信，何以使人？夫信，民之所庇也[④]，不可失也。"乃去之，及孟门[⑤]，而原请降。

（《国语·晋语四》）

【注释】

①原：国名，在今河南济源北。

②疏：撤退。

③谍：侦察人员。

④庇（bì）：遮蔽，庇护。

⑤孟门：原国地名，在原城附近。

【译文】

晋文公率兵讨伐原国，下令准备三天的粮草。攻打了三天，原国仍然不降服，文公下令撤军而离开原国。侦察人员从城里探听情况回来说："原国不过一两天就会投降了。"军吏把这个情况报告给晋文公，文公说："得到原国却失掉诚信，还靠什么役使百姓？诚信，是百姓赖以生存的保障，绝不可丢掉。"于是就率军撤退了，刚到孟门，原国就宣布投降了。

点评

周郑交质的故事给我们最重要的启示就是要讲究诚信。周朝和郑国由于缺乏诚信，因而即使互相交换了人质，最后也落得个相互怀恨的结果。然而，晋文公却能够认识到诚信的重要性："夫信，民之所庇也，不可失也。"宁可不要一座城池，也要信守承诺。因而他才能够得到贤人的辅佐，赢得百姓的拥护，受到诸侯的朝拜，成为一个赫赫有名的春秋霸主。

在中国传统文化中，诚信始终是修身、立业、为政的根本。在儒家思想中，它更被视为人们为人行事的准则，是道德修养达到的最高境界。孔子就曾说过："人而无信，不知其可也。大车无輗（ní），小车无軏（yuè），其何以行之哉？"（《论语·为政》）认为一个人如果不讲信用，就像牛车、马车没有车辕与衡木相衔接的活销一样，怎么能够行走呢？诚信正是人与人、国与国之间相互衔接的关键。在中国古代，忠诚、守信、重诺，是一种优秀的人格品质。能否以诚信为重，取信于民，也是衡量一个君主是否能够治国安邦的重要标准。

当代人同样要诚实守信。一个社会，如果越来越多的人不再选择诚实而背弃信义，那么这个社会无疑会发生精神危机；一个民族，如果越来越多的人不再崇尚诚实和奉行守信，那么这个民族便将失去品格的支撑。在现代社会，尽管存在着市场竞争，但向善仍然是人们普遍遵循的价值取向，寻求良好的人际关系是人类永恒的价值准则。市场竞争并不是引导人们放弃诚信，而是要求人们在诚信的基础上开展正当的竞争。作为一个普通的人，也只有遵守诚信原则，才能保持高尚的人格，才能获得真诚和友谊，感受亲情和友情，获得生活的幸福感。

楚武王伐随

桓公六年

楚武王侵随，使薳章求成焉[①]，军于瑕以待之[②]。随人使少师董成[③]。斗伯比言于楚子曰[④]：“吾不得志于汉东也[⑤]，我则使然。我张吾三军[⑥]，而被吾甲兵，以武临之，彼则惧而协以谋我，故难间也。汉东之国随为大，随张必弃小国[⑦]。小国离，楚之利也。少师侈，请羸师以张之[⑧]。”熊率且比曰[⑨]：“季梁在[⑩]，何益？”斗伯比曰：“以为后图，少师得其君。”王毁军而纳少师[⑪]。

【注释】

①薳（wěi）章：楚大夫。　成：讲和。

②军：驻扎。　瑕：随国地名，在今湖北随州境内。

③董：主持。

④斗伯比：楚国大夫，令尹子文之父。

⑤汉东：指汉水以东诸小国。

⑥张：扩张，扩大。

⑦张（zhàng）：犹言自傲，自高自大。

⑧羸（léi）师：故意使军队表现出疲弱的状态。羸，瘦弱。

⑨熊率且比：楚国大夫。

⑩季梁：随国贤臣。

⑪毁军：损毁军容。

【译文】

楚武王侵伐随国，首先派薳章前往讲和，把军队驻扎在瑕地等待结果。随国派少师主持和谈。斗伯比对楚王说："我们在汉水以东始终没能得志逞雄，这是我们自己失策造成的。我们扩大军队，充实装备，用武力威慑各国。他们会害怕而联合起来对付我们，所以难以离间他们。汉水以东的国家随国最大，随国如果骄傲自大，一定会抛弃小国。这些小国离心离德，楚国便可从中获益。随国少师这个人很狂妄，请君王藏起精锐的军队而给他以疲弱的假象，从而增加他的自大。"熊率且比说："随国有季梁在，这样做有什么好处？"斗伯比说："这是从长远打算，少师深得随君的信任。"楚王于是故意毁坏军容以接待少师。

少师归，请追楚师，随侯将许之。季梁止之曰："天方授楚[①]，楚之羸，其诱我也，君何急焉？臣闻小之能敌大也，小道大淫[②]。所谓道，忠于民而信于神也。上思利民，忠也；祝史正辞[3]，信也。今民馁而君逞欲[4]，祝史矫举以祭[5]，臣不知其可也。”公曰：“吾牲牷肥腯[6]，粢盛丰备[7]，何则不信？”对曰：“夫民，神之主也。是以圣王先成民而后致力于神。故奉牲以告曰，‘博硕肥腯’，谓民力之普存也[8]，谓其畜之硕大蕃滋也[9]，谓其不疾瘯蠡也[10]，谓其备腯咸有也。奉盛以告曰：‘洁粢丰盛’，谓其三时不害而民和年丰也[11]。奉酒醴以告曰[12]：‘嘉栗旨酒’[13]，谓其上下皆有嘉德而无违心也。所谓馨香[14]，无谗慝也[15]。故务其三时，修其五教[16]，亲其九族[17]，以致其禋祀[18]。于是乎民和而神降之福，故动则有成。今民各有心[19]，而鬼神乏主，君虽独丰，其何福之有？君姑修政而亲兄弟之国[20]，庶免于难[21]。”随侯惧而修政，楚不敢伐。

【注释】

①授：付与好运，照顾。

②小道：小国有道。　大淫：大国淫虐无度。

③祝史：掌管祭祀的官。　正辞：祝辞实在，不虚美。

④逞欲：放纵私欲。

⑤矫举：诈称功德，即虚报功德。

⑥牷（quán）：毛色纯一的牲畜。　腯（dùn）：肥壮。

⑦粢盛（zī chéng）：盛在祭器内供祭祀的黍稷。

⑧存：此指保有财富。

⑨蕃滋：繁殖增长。

⑩瘯蠡（cù luó）：瘦弱。

⑪三时：春夏秋三个季节。

⑫醴（lǐ）：甜酒。

⑬嘉：美好。　栗：借为"洌"，清。

⑭馨香：芳香。

⑮谗慝（tè）：馋谀邪念。

⑯五教：指父义、母慈、兄友、弟恭、子孝五种教化。

⑰九族：说法不一，杜预注称外祖父、外祖母、从母之子、妻父、妻母、姑之子、姊妹之子、女之子及自己同族为九族。

⑱禋祀（yīn sì）：祭祀。

⑲各有心：各怀异心，即不和睦。

⑳兄弟之国：指汉水以东姬姓之国。

㉑庶：庶几，差不多。

【译文】

少师回去后，请求追击楚军，随侯打算答应少师的请求。季梁劝阻说："上天正在保佑楚国，楚国军队的疲弱假象，是在诱惑我们。君王何必急于攻楚呢？在下听说小国之所以能够与大国抗衡，就是因为小国得道而大国昏乱。所谓道，就是忠实于百姓而诚信于神。君王思考如何给百姓带来利益，便是忠；祭祀时祝史祝辞不虚假，便是诚信。现在百姓饥饿难耐而君王放纵私欲，祝史祭祀时假称虚报，臣下不知道怎样可以成功。”随侯说：“我们祭神用的牲畜肥美色纯，盛在祭器中的粮食丰盈齐备，怎么能说不诚信呢？”季梁答道：“百姓是神的主人。所以圣明的君主先富养百姓，而后才致力于侍奉神。所以在奉献牺牲时祝告说‘牲畜又大又肥’，这是说百姓的财力普遍富足，是说牲畜肥硕而且繁衍不绝，是说牲畜没有疫病，是说各种牲畜都如此肥壮硕大。在奉献黍稷时祝告说‘粮食又多又好’，这是说春、夏、秋三季不损害农时，因而民心谐和年谷丰登。在奉献甜酒时祝告说‘美酒又清又香’，这是说上上下下都有美德而没有邪心。所谓祭品芳香，是由于其中不掺有杂心恶念。所以必须保证春、夏、秋三季的农时，修明五种教化，亲近他们的九族，用这些行为来祭祀神灵。这样做才会使百姓和谐而神灵赐福，因而做任何事情都会成功。现在则是百姓各怀心事而鬼神无主，君王虽然一个人祭祀丰盛，又能求得什么福佑呢？君王您姑且修明政治而亲近兄弟邻国，这样做差不多才能免于祸难。”随侯听后惧怕祸患而修明政事，楚国没有敢来攻打随国。

扩展阅读

国之将兴，其君齐明、衷正、精洁、惠和[1]，其德足以昭其馨香，其惠足以同其民人。神飨而民听，民神无怨，故明神降之，观其政德而均布福焉。国之将亡，其君贪冒、辟邪、淫佚、荒怠、粗秽、暴虐[2]，其政腥臊，馨香不登[3]，其刑矫诬[4]，百姓携贰[5]。明神不蠲而民有远志[6]，民神怨痛，无所依怀[7]，故神亦往焉，观其苛慝而降之祸[8]。是以或见神以兴，亦或以亡。

（《国语·周语上》）

【注释】

①惠：仁惠，仁爱。

②贪冒：贪图财利。

③登：上，指传达给神灵。

④矫诬：假托名义进行诬陷。

⑤携贰：指有二心。

⑥蠲（juān）：清洁。

⑦依怀：依靠归附。

⑧苛慝（tè）：暴虐邪恶。

【译文】

国家将要兴盛，其国君能洞察一切、中正无邪、精诚廉洁、仁爱谦和，他的德行足可以使祭祀馨香远播，他的恩惠足可以让人民同心同德。神灵享受祭礼，人民信从，民神无怨，所以伟大的神灵降临，观察他的政治、德行而且给他降下福音。国家将要灭亡，其国君往往贪得无厌、邪恶不正、纵欲放荡、荒废政事、粗鄙昏暗、暴虐无度，他的政治污秽不堪，祭品的香气不能上达于神，他的刑罚虚伪欺诈，百姓怀有二心。神灵不保佑他，百姓也背离他，民神怨恨，无所归附。那时神灵也会降临，观察他的邪恶暴虐而降下灾祸。所以有时神灵出现则国家兴盛，有时神灵出现则国家灭亡。

点评

面对强大楚国的攻击，季梁首先强调的是“修政”。修明政治，最主要的是“利民”，不违农时，急民所想，上下和谐，才能民富国强。

面临“落后就要挨打”的局面，随国季梁提出了“民本”思想。尽管季梁所论笼罩在神秘的色彩中，但在神与民的关系上，季梁更强调民的作用：“夫民，神之主也。”《国语·周语上》说神灵会在国家兴亡之时出现，而这时出现的神灵俨然是作为国家的政治清明与否、君主贤德与否的有力见证。

楚国最后不敢伐随还有一个重要原因，就是随能够团结其他国家。斗伯比说楚国之所以在汉水之东不能有所建树，就是因为不能离间随国与其他国家的联合，季梁谏随君也强调要“亲兄弟之国”。其实不论国家的强盛，还是个人的发展，都需要借助其他可以联合的力量。

曹刿论战

庄公十年

十年春，齐师伐我[①]，公将战[②]，曹刿请见。其乡人曰："肉食者谋之[③]，又何间焉[④]?"刿曰："肉食者鄙[⑤]，未能远谋。"乃入见，问："何以战?"公曰："衣食所安,弗敢专也[⑥]，必以分人。"对曰："小惠未遍，民弗从也。"公曰："牺牲玉帛[⑦]，弗敢加也，必以信。"对曰："小信未孚[⑧]，神弗福也[⑨]。"公曰："小大之狱，虽不能察[⑩]，必以情。"对曰："忠之属也[⑪],可以一战。战则请从。"

【注释】

①我：《左传》一书以鲁国国君纪年，因而称鲁国为“我”，称鲁国国君为“公”。

②公：指鲁庄公。

③肉食者：指有俸禄的上层人物。

④间：参与。

⑤鄙：鄙陋，浅陋，即目光短浅。

⑥专：独享。

⑦牺牲玉帛：祭祀用的物品。牺牲，指牛、羊、猪等牲畜。玉，玉器。帛，丝织品。

⑧孚：信任。

⑨福：福佑，保佑。

⑩狱：指诉讼案件。 察：一一调查。

⑪忠之属：尽心办事一类的行为。忠，竭诚，尽心。属，类。

【译文】

鲁庄公十年的春天，齐国军队进攻鲁国，鲁庄公打算应战，曹刿请求鲁庄公接见。曹刿的同乡说：“这是官僚贵族考虑的事情，你又何必参与呢？”曹刿说：“官僚贵族目光短浅，不能深远地考虑问题。”于是入朝拜见鲁庄公。曹刿问庄公：“您凭借什么同齐国作战？”庄公答道：“衣食这些安身之物，我不敢独自享用，一定拿一些分给众人。”曹刿说：“这种小恩小惠没有遍及民众，他们不会跟随您去作战的。”庄公说：“祭祀用的牲畜、宝玉和丝绸等物品，符合规格没有任意加减，一定诚实守信。”曹刿说：“小小的诚信未必能博得神的信任，神不会因此而保佑您打胜仗的。”庄公又说：“大大小小的诉讼案件虽不能一一查明，却一定要按实情处理。”曹刿说：“这确实是尽心尽力为民办事，可以凭借这个和齐国打一仗。打仗时请允许我与您同去。”

公与之乘，战于长勺[①]。公将鼓之[②]，刿曰：“未可。”齐人三鼓，刿曰：“可矣！”齐师败绩。公将驰之[③]，刿曰：“未可。”下视其辙，登轼而望之[④]，曰：“可矣！”遂逐齐师。

【注释】

①长勺：鲁地名，在今山东曲阜境内。

②鼓：击鼓进军。

③驰：追击。

④轼：车前供扶手的横木。

【译文】

庄公与曹刿同乘一辆战车，在长勺与齐军会战。庄公要击鼓进军，曹刿阻止说：“不可以。”齐军击了三次鼓，曹刿说：“可以了！”齐军大败。庄公正要下令追击，曹刿又说：“不可以。”他下车察看了一下齐军战车的轨迹，又登上车前的横木向远方眺望，然后说：“可以了。”于是庄公才下令追击齐军。

既克[①]，公问其故。对曰：“夫战，勇气也。一鼓作气，再而衰，三而竭[②]。彼竭我盈[③]，故克之。夫大国，难测也，惧有伏焉。吾视其辙乱，望其旗靡[④]，故逐之。”

【注释】

①既克：已胜。

②竭：尽，空。

③盈：饱满，旺盛。

④靡（mǐ）：倒下。

【译文】

鲁军打了胜仗之后，鲁庄公问曹刿为什么要那样指挥。曹刿答道："作战，全凭将士们的勇气。齐军第一次击鼓，他们的士兵鼓足了勇气，第二次击鼓时，他们的勇气就衰退了，到第三次击鼓，他们的勇气就消耗殆尽了。而那时我们的士气正旺盛，所以我们打败了齐军。齐国是大国，他们的意图和动态是难以推测的，我担心他们有埋伏。后来我下车观察到他们的车辙乱了，眺望到他们的战旗也倒了，知道他们是真的溃败，所以才请您追击他们。"

扩展阅读

长勺之役，曹刿问所以战于庄公。公曰："余不爱衣食于民[①]，不爱牲玉于神[②]。"对曰："夫惠本而后民归之志[③]，民和而后神降之福。若布德于民而均平其政事，君子务治而小人务力；动不违时，器不过用；财用不匮，莫不共祀[④]。是以用民无不听，求福无不丰。今将惠以小赐，祀以独恭。小赐不咸[⑤]，独恭不优[⑥]。不咸，民不归也；不优，神弗福也。将何以战？夫民求不匮于财，而神求优裕于享者也[⑦]，故不可以不大。"公曰："余听狱，虽不能察，必以情断之[⑧]。"对曰："是则可矣。夫苟中心图民[⑨]，智虽弗及，必将至焉。"

（《国语·鲁语上》）

【注释】

①爱：吝啬。

②牲：牺牲，祭祀时杀的牲畜。　玉：指祭祀时用的玉器。

③本：指民，百姓。　志：指民心。

④共祀：与百姓共同祭祀。

⑤咸：全面，普遍。

⑥优：优裕，丰厚。

⑦享：献，所献祭品。

⑧情：实情。

⑨图民：考虑民事。

【译文】

长勺之战时，曹刿问鲁庄公凭借什么来作战。庄公说："我对百姓从不吝啬衣食，对神从不吝啬牺牲和玉器。"曹刿回答说："给百姓好处，百姓才能归附您，百姓齐心，神才会给您降福。如果向百姓施以恩德，公平处理政事，执政者加强管理，百姓努力劳动；行事不违背农时，财物不过分耗用；这样财用不缺，就没有谁不参与祭祀了。所以调动百姓没有不听从的，求神降福没有不灵验的。现在您对百姓仅赐以小恩小惠，祭祀时也独自举行。小恩小惠不能遍及百姓，独自祭祀的祭品不会丰厚；不普遍，百姓就不能归心；不丰厚，神就不会降福。将凭什么作战？百姓要求不缺乏财用，而神要求祭品丰厚，所以不能不从百姓的根本上解决问题。"庄公又说："我处理诉讼案件虽然不能一一详察，但一定按实情断案。"曹刿回答说："这一点就可以了。应该知道，假如心中想着百姓，智慧即使有所不及，也肯定会达到胜利的目的。"

点 评

长勺之战是我国军事史上以弱胜强的典范战例之一。鲁国面对比自己强大几倍的齐国，一时手足无措。作为一个平民，曹刿以政治家的远见、军事家的谋略，指挥了这次战争并取得了重大胜利，给人留下深刻的印象。战争的决定因素在人心的向背，在战争中要把握时机，讲究策略，这就是“曹刿论战”给我们留下的宝贵经验。

在现代社会中，“民心向背”问题仍是一个重要的政治经验。重视人民的作用，发掘人民的潜力，代表人民的利益，社会才能进步，政治才能稳定，国家才能发展。

鲁吊宋大水

庄公十一年

秋，宋大水。公使吊焉①，曰：“天作淫雨②，害于粢盛，若之何不吊？”对曰：“孤实不敬③，天降之灾，又以为君忧，拜命之辱。”

【注释】

①吊：慰问。

②淫雨：过量的雨。

③孤：国君自称之词。

【译文】

秋天，宋国发大水。鲁庄公派使者去宋国慰问，说："上天降下过量的雨水，危害了庄稼，怎么能不来慰问呢？"宋闵公回答说："孤对上天实在不诚敬，上天给我们降下灾难，还因此让贵国国君担忧，承蒙关注，实不敢当。"

臧文仲曰①："宋其兴乎！禹、汤罪己，其兴也悖焉②；桀、纣罪人，其亡也忽焉③。且列国有凶称孤④，礼也。言惧而名礼，其庶乎！"既而闻之曰公子御说之辞也⑤。臧孙达曰⑥："是宜为君，有恤民之心⑦。"

【注释】

①臧文仲：即臧孙展，鲁国大夫。

②悖：同"勃"，迅速而盛大的样子。

③忽：很快。

④凶：灾荒。

⑤公子御说（yuè）：宋庄公之子，闵公之弟，即宋桓公。

⑥臧孙达：鲁国大夫。

⑦恤：体恤，爱护。

【译文】

臧文仲说："宋国大概要兴起了吧！夏禹、商汤责罪自己，他们勃然兴起；夏桀、商纣责罪别人，他们马上灭亡。而且列国发生灾荒，国君称孤，这是合乎礼的。言语惶恐而称呼合于礼，这就差不多了吧！"不久又听说这是公子御说的话。臧孙达说："这个人适合做国君，因为他有爱护百姓之心。"

扩展阅读

岁凶[1]，年谷不登[2]，君膳不祭肺[3]，马不食谷，驰道不除，祭事不县[4]，大夫不食粱，士饮酒不乐。

（《礼记·曲礼下》）

【注释】

①凶：指年成不好。

②登：收成。

③膳：美食。按照古代的制度，杀牲畜要举行祭祀祖先的活动，有虞氏用牲畜的头，夏朝用心，商朝用肝，周朝用肺。这里说国君膳食不祭肺，也就是不宰杀牲畜。

④县：同“悬”，代指钟、磬一类的乐器。演奏时，这些乐器悬挂在架上，故称。

【译文】

遇到有水、旱等自然灾害的年头，农作物收成不好，国君用膳不吃牲畜，马不喂粮食，驰行车马的大路不整治，举行祭祀活动不奏乐，大夫不吃稻，士人宴客也不得奏乐。

点评

当宋国遭遇水灾的时候，国君首先从自己的为政给百姓和邻国带来的影响思考。严于律己，体恤百姓，这正是臧文仲认定宋国将兴盛的根据，也是臧孙达认定公子御说应做国君的原因。严于律己才能宽于待人，赢得民心者才能赢得天下，这是千百年来已经证明了的。《礼记》规定了灾年时从上到下的礼数，实际上就是从制度上规范了国君、大夫、士人的行为，要他们与民同甘共苦，这样才会得民心。

齐桓公伐楚

僖公四年

四年春，齐侯以诸侯之师侵蔡[1]。蔡溃，遂伐楚。楚子使与师言曰："君处北海[2]，寡人处南海，唯是风马牛不相及也[3]。不虞君之涉吾地也[4]，何故？"管仲对曰："昔召康公命我先君大公曰[5]：'五侯九伯[6]，女实征之，以夹辅周室[7]。'赐我先君履[8]：东至于海，西至于河，南至于穆陵[9]，北至于无棣[10]。尔贡包茅不入[11]，王祭不共，无以缩酒[12]，寡人是征；昭王南征而不复[13]，寡人是问。"对曰："贡之不入，寡君之罪也，敢不共给？昭王之不复，君其问诸水滨。"师进，次于陉[14]。

【注释】

①以：率领。 诸侯之师：指参与这次行动的齐、鲁、宋、陈、卫、郑、许、曹等国军队。 蔡：楚的盟国，在今河南汝南、上蔡、新蔡一带。

②处（chǔ）：居住。 北海：与下文“南海”均泛指极北、极南。

③风：牲畜雄雌发情，相互追逐。此句喻两国相距极远，互不相干。

④虞：料想。

⑤召（shào）康公：周成王时的太保召公奭（shì），康是其谥号。 先君：对本国已故国君的称呼。 大公：太公，即姜太公，名尚，为齐之始祖。

⑥五侯九伯：泛指诸侯。五侯，即公、侯、伯、子、男等爵位。九伯，九州之长。

⑦夹辅：辅佐。

⑧履：鞋。此指践踏的地界，即齐国可以征伐的地方。

⑨穆陵：齐地名，即今山东临朐（qú）南的穆陵关。

⑩无棣（dì）：齐地名，在今山东无棣附近。

⑪包茅：成捆的菁茅，系楚进贡周室用作祭祀的贡品。 入：进贡。

⑫缩酒：祭祀时用菁茅滤去酒渣。

⑬昭王：周成王的孙子。昭王荒于国事，人民恨他。相传巡行到汉水时，当地人民故意弄了条胶黏的船给他，船行至江心而解体，昭王溺死。

⑭次：驻扎。 陉（xíng）：地名，在今河南郾城南。

【译文】

鲁僖公四年的春天，齐桓公率领各诸侯军队攻打蔡国。蔡军溃败，于是向南讨伐楚国。楚成王派使者到诸侯军队中对齐桓公说："您在北方，我在南方，即使牛马发情狂奔，也到不了对方境中。没有想到您却涉足楚地，请问这是为什么？"管仲对答道："从前召康公命令我们先君太公：'所有诸侯，你都有权征伐，以辅佐周王室。'并且明确了我们先君征伐的范围：东至大海，西到黄河，南到穆陵，北到无棣。你们应该进贡的菁茅不交纳，周王的祭祀用品供给不上，没有用来滤酒的东西，我们过来问罪；昭王南巡而未回，我们也要来问一问。"楚使说道："没有向周王纳贡，是我们的罪过，但我们岂敢不上贡？至于昭王没有回去，您还是到水边问问吧！"诸侯军队继续前进，驻扎在陉附近。

夏，楚子使屈完如师①。师退，次于召陵②。齐侯陈诸侯之师，与屈完乘而观之。齐侯曰："岂不穀是为③？先君之好是继。与不穀同好，如何？"对曰："君惠徼福于敝邑之社稷④，辱收寡君⑤，寡君之愿也。"齐侯曰："以此众战，谁能御之！以此攻城，何城不克！"对曰："君若以德绥诸侯⑥，谁敢不服？君若以力，楚国方城以为城⑦，汉水以为池，虽众，无所用之！"

屈完及诸侯盟。

【注释】

①如：到。

②召（shào）陵：地名，在今河南郾城东。

③不穀：不善，国君谦称。

④惠：副词，无实义。 徼（yāo）：求。 敝邑：谦称自己的国家。

⑤辱：谦词，意思是这样做使您蒙受了耻辱。
⑥绥：安抚。
⑦方城：山名，在今河南叶县南。

【译文】

夏天，楚成王又派屈完出使诸侯军中。诸侯军队后撤，驻扎在召陵。齐桓公让诸侯之师摆开阵势，与屈完乘车观阵。齐桓公说："他们难道是为了我吗？只不过是为了继承先君的友好关系才跟我一起来罢了。你们楚国也与我建立友好关系，怎么样？"屈完对答说："承蒙您惠临敝国并为我们的社稷求福，屈尊接纳敝国国君，这正是敝国国君的愿望。"齐桓公又接着说："以如此众多的将士作战，谁能抵御？以如此强悍的军队攻城，什么城不能攻克？"屈完答道："您如果以德行安抚诸侯，谁敢不服从？您如果凭借武力，楚国将以方城山为城墙，以汉水为护城河，你们军队虽然众多，但也没有用处。"

屈完代表楚国与各诸侯国订立了盟约。

扩展阅读

兵事以严终[①]，故曰"善陈者不战"[②]，此之谓也。善为国者不师，善师者不陈，善陈者不战，善战者不死，善死者不亡。

（《穀梁传·庄公八年》）

【注释】

①严：军容严整。
②陈：指排兵布阵。

【译文】

作战依靠军容的严整才能取得胜利，所以说“善于排兵布阵的人不必担心与敌人交战”，说的就是这个道理。善于治理国家的人不必将精力放在训练军队上，善于训练军队的人不必将精力放在排兵布阵上，善于排兵布阵的人不必担心与敌人交战，善于与敌人交战的人不必担心作战时的伤亡，善于为正义而死的人，他的国家就不会灭亡。

点评

同样是面对齐国的进攻，楚国先后派出的两个使者出使的结果却截然不同，一个是“师进，次于陉”，一个是“与诸侯盟”。究其原因，固然有齐国强词夺理、勉为其战的因素。你看，“不入”这样的小事，何必兴师动众；再说“昭王南征而不复”已是三百年前的历史旧账，于楚何干？但是，齐国最后能够撤军，我们看到了外交使节所起的重要作用。第一个回合，楚国使者态度强硬，尽管事事在理，但作为春秋第一霸主的齐桓公岂肯让步！第二个回合，屈完不卑不亢，有理有节，既不屈于对方武力之威胁，更劝对方以德服人，终于使齐折服，签订盟约而还。

我们常常会面临一些棘手的问题，怎么解决这些问题就需要斟酌了。面对强大势力既不能一味讨好，也不可盲目强硬，过分卑微会助长对手的威风，太强硬也容易激化矛盾，使问题更加复杂。古人讲“善陈者不战”，也许讲的就是这个道理吧！

宫之奇谏假道

僖公五年

晋侯复假道于虞以伐虢[①]。宫之奇谏曰[②]：“虢，虞之表也[③]。虢亡，虞必从之。晋不可启[④]，寇不可翫[⑤]。一之谓甚，其可再乎？谚所谓‘辅车相依[⑥]，唇亡齿寒’者，其虢、虞之谓也。”

【注释】

①晋侯：指晋献公。　复：又，再次。僖公二年（前658年）晋国曾向虞国借道进攻虢国。　假道：借路。　虞：国名，在今山西平陆东北。　虢：国名，指北虢，在今山

西平陆。

②宫之奇：虞大夫。

③表：外表，这里指屏障。

④启：开，意指开启晋国的野心，助长晋国的贪心。

⑤翫：同“玩”，疏忽，轻视。

⑥辅：面颊，即腮帮子。　车：牙床骨。

【译文】

晋献公再次向虞国借道去攻打虢国。宫之奇劝阻说：“虢国是虞国的屏障。虢国若是灭亡了，虞国必定跟着灭亡。晋国的贪心不能够任意助长，允许外国军队通过不可以粗心大意。第一次这么做已经很过分了，怎能再有第二次呢？俗话所谓‘面颊和牙床骨是相互依存的，失去了嘴唇，牙齿就会受冻’，说的就是虞国和虢国这种关系啊。”

公曰：“晋，吾宗也①，岂害我哉？”对曰：“大伯、虞仲②，大王之昭也③。大伯不从④，是以不嗣⑤。虢仲、虢叔，王季之穆也⑥，为文王卿士，勋在王室，藏于盟府⑦。将虢是灭，何爱于虞？且虞能亲于桓、庄乎⑧，其爱之也？桓、庄之族何罪，而以为戮⑨，不唯偪乎⑩？亲以宠偪⑪，犹尚害之，况以国乎？”

【注释】

①宗：同姓，同一宗族。晋、虞、虢都是姬姓国，同一祖先。

②大伯：即太（泰）伯，周太王的长子。　虞仲：周太王的次子。

③大王：太王，周朝的先王。　昭：古代神庙里神主的位

次，始祖居中，其子在左称为昭，子之子在右称为穆。以后三、五、七、九……奇数为昭，二、四、六、八……偶数为穆。太王是后稷的第十二代孙，为穆；太王之子大伯、虞仲、王季为后稷的第十三代孙，故为昭。

④不从：指不顺从传统之意。大伯知道父王要传位给小弟王季，就和虞仲一起出走，没有遵照立长子之传统。

⑤嗣：继承王位。

⑥虢仲、虢叔：王季的次子和三子，周文王的弟弟。王季为昭，其子为后稷第十四代孙，故为穆。

⑦盟府：主管盟誓典策的政府部门。周代因功策封时，必有誓辞，并将策勋之策及盟誓，都收藏于盟府。这几句意思是虢在姬姓国中的地位比虞高，虢晋之间的关系比虞晋之间更亲。

⑧桓、庄：桓叔和庄伯，此指桓、庄之族。桓叔是晋献公的曾祖父，庄伯是晋献公的祖父。

⑨戮：杀害。鲁庄公二十五年，晋献公为免后患，把同族公子全部杀掉。

⑩偪：同“逼”，逼近，威胁。

⑪宠：指位尊。

【译文】

虞公说：“晋国和我们是同宗，怎么能害我们呢？”宫之奇答道：“太伯、虞仲是太王的儿子。太伯不听从父命，所以没有继承王位。虢仲、虢叔是王季的儿子，做过文王的卿士，功勋在于王室，记载功勋和受封的典策收藏在盟府中。而现在晋国要灭掉虢国，又怎能爱惜虞国呢？再说晋国爱虞国，还能胜过爱桓叔、庄伯之族吗？桓叔、庄伯之族有什么罪过，却遭到杀害，不就是因为他们的势力已威胁到晋献公了么？近亲因为宠势相逼，还要加害，更何况是国家呢？”

公曰："吾享祀丰絜[①]，神必据我[②]。"对曰："臣闻之：'鬼神非人实亲[③]，惟德是依。'故《周书》曰[④]：'皇天无亲，惟德是辅[⑤]。'又曰：'黍稷非馨[⑥]，明德惟馨。'又曰：'民不易物，惟德繄物[⑦]。'如是，则非德，民不和，神不享矣。神所冯依[⑧]，将在德矣。若晋取虞，而明德以荐馨香[⑨]，神其吐之乎？[⑩]"

【注释】

①享祀：泛指祭祀。享，把食物献给鬼神。 絜：同"洁"。

②据：依附，保佑。

③实：代指它前面的"人"。

④《周书》：已经失传。

⑤辅：辅佐，这里指保佑。

⑥馨：远处可以闻到的香气。这两句出自《周书·君陈》。

⑦繄（yì）物：其物，那件物品。这两句出自《周书·旅獒（áo）》，其中"民"作"人"。

⑧冯：即"凭"，凭借，依靠。

⑨明德：使德行昭明。 荐：进献。 馨香：泛指各种祭祀品。

⑩吐：吐出，意思是不享用祭品。

【译文】

虞公说："我祭祀用品丰盛洁净，上天一定会保佑我。"宫之奇说："臣下听说鬼神并不是亲近哪一个人，而是保佑有德行的人。所以《周书》上说：'上天对人不分亲疏，只是帮助有德行的人。'又说：'祭祀的黍稷并不馨香，只有德行才浓香远播。'还说：'人们使用的祭品是相同的，但只有有德行的人的祭品才会被神接受。'这样看来，国君德行不好，则百姓不会亲和他，神灵也不会保佑他。神所凭借依从的就是德行了。如果晋国灭掉虞国之后，修明德行，进献丰洁的祭品，难道神会吐出来吗?"

弗从，许晋使。宫之奇以其族行[①]，曰："虞不腊矣[②]。在此行也，晋不更举矣[③]。"

【注释】

①以：率领，带领。

②腊：即腊祭，年终举行的合祭诸神的一种祭祀。

③举：举兵。晋可以用灭虢之兵灭虞，所以不需要再举兵。

【译文】

虞公不听劝谏，答应了晋国使者借道的要求。宫之奇率领他的全族离开了虞国，并说："虞国今年不能举行腊祭了。都在这一次，晋国不需要再发兵了。"

冬十二月丙子朔[①]，晋灭虢。虢公丑奔京师[②]。师还，馆于虞[③]。遂袭虞，灭之，执虞公。

【注释】

①丙子朔：该月初一，初一叫丙子。

②丑：虢公名。　京师：周的都城。

③馆：用作动词，住宿。

【译文】

冬天，十二月初一，晋军灭掉了虢国。虢君丑逃奔到京师。晋灭虢的军队回来时住宿在虞国。于是趁机攻打虞国，灭掉了虞国，俘虏了虞公。

扩展阅读

晋献公欲伐虢，荀息曰："君何不以屈产之乘[①]，垂棘之璧而借道乎虞也[②]？"公曰："此晋国之宝也。如受吾币而不借吾道，则如之何？"荀息曰："此小国之所以事大国也。彼不借吾道，必不敢受吾币，如受吾币而借吾道，则是我取之中府而藏之外府[③]，取之中厩而置之外厩也[④]。"公曰："宫之奇存焉，必不使受之也。"荀息曰："宫之奇之为人也，达心而懦[⑤]，又少长于君[⑥]。达心则其言略[⑦]，懦则不能强谏，少长于君，则君轻之。且夫玩好在耳目之前，而患在一国之后，此中知以上乃能虑之[⑧]。臣料虞君，中知以下也。"公遂借道而伐虢。宫之奇谏曰："晋国之使者，其辞卑而币重，必不便于虞。"虞公弗听，遂受其币而借之道。宫之奇谏曰："语曰'唇亡则齿寒'，其斯之谓与！"挈其妻子以奔曹。献公亡虢，五年而后举虞。荀息牵马操璧而前曰："璧则犹是也，而马齿加长矣。"

（《穀梁传·僖公二年》）

【注释】

①屈：地名，在今山西石楼东南，以盛产良马著称。　乘：代指马匹。

②垂棘：地名，在今山西潞城北。

③府：诸侯收藏珍宝器物的库房。

④厩（jiù）：马房。

⑤达心：内心通达事理。

⑥少长：从小一起长大。

⑦略：简略，言简意赅，点到即止。

⑧知：同"智"，智慧。

【译文】

晋献公计划攻打虢国，晋大夫荀息献策说："君王为什么不用屈邑的骏马、垂棘的美玉献给虞国请求借给道路攻打虢国呢?"献公说："它们是晋国的宝物。如果虞国收了这些礼物而不借给我们道路，那将怎么办?"荀息说："这些东西本来都是小国送给大国的礼物。他们不借给我们道路，肯定不敢接受我们的礼物；如果接受了礼物而借给我们道路，那么就相当于我们把玉璧从宫中的库房取出来放到外面的库房里，把良马从宫内的马房牵出来放到外面的马房中。"献公说："宫之奇还在虞国，他一定不会让虞君接受这些礼物的。"荀息说："宫之奇的为人，内心通达事理性格却很懦弱，又从小和虞君一起长大。内心通达说话就会简略，性格懦弱就不能坚持劝谏，从小一起长大就会被君王忽视。况且令人喜爱的玩物就在自己面前，而将要发生的祸患还在另一个国家的后面，这里边的道理只有中等智慧以上的人才能考虑到。臣下料定虞国的国君，是中等智慧以下的人。"献公于是向虞国借道去攻打虢国。宫之奇向虞君劝谏道："晋国派来的使臣，言辞卑微而礼物贵重，这对虞国一定不会有利。"虞君不听，于是接受了晋国的礼物而借给他们道路。宫之奇说："俗话说'唇亡齿寒'，大概说的就是这种情况吧!"便带领他的妻子和儿女投奔曹国。献公灭了虢国，僖公五年又攻破虞国。荀息牵着骏马拿着玉璧来到晋献公面前说："玉璧还是原来的样子，只是骏马老了一些。"

点评

虞公不听宫之奇的劝谏最终亡了国。贪图眼前小利，没有长久大计，这是虞公愚蠢造成的结果。不听从有智之士的建议，一意孤行，刚愎自用，这是虞公所犯的第二个错误。这个故事很容易让人想到当前骗子屡屡行骗得逞的报道，被骗之人通常也是犯虞公的错误而悔之不已。

泛舟之役

僖公十三年

冬，晋荐饥[1]，使乞籴于秦[2]。秦伯谓子桑[3]：“与诸乎?”对曰：“重施而报，君将何求?重施而不报，其民必携[4]；携而讨焉，无众必败。”谓百里[5]：“与诸乎?”对曰：“天灾流行，国家代有[6]。救灾恤邻，道也。行道有福。”

【注释】

①荐饥：连年发生灾荒。

②乞籴（dí）：请求购买粮食。

③子桑：秦大夫公孙枝。

④携：离心。

⑤百里：秦大夫百里奚。

⑥代有：交替发生。

【译文】

冬天，晋国再次发生饥荒，派人到秦国请求购买粮食。秦穆公问子桑道：“给他们吗?”子桑回答说：“再次给他们恩惠，如果他们报答我们，君王还要求什么?再次给他们恩惠，如果他们不报答我们，他们的百姓一定会离心；离心以后去征讨，他们没有百姓必然失败。”又问百里奚：“给他们吗?”百里奚答道：“天灾流行，各国都会交替发生。解救灾荒周济邻国，这是正道。按正道行事就会享有福禄。”

丕郑之子豹在秦，请伐晋。秦伯曰：“其君是恶，其民何罪?”秦于是乎输粟于晋[1]，自雍及绛相继[2]，命之曰“泛舟之役”[3]。

【注释】

①输粟：运送粮食。

②雍：秦国都城，在今陕西凤翔南。　绛：晋国都城，在今山西翼城东南。

③泛舟：浮船。这次运送粮食走的是水路，所以这样说。

【译文】

丕郑的儿子丕豹在秦国，请求攻打晋国。秦穆公说：“他们的国君令人讨厌，但他们的百姓有什么罪过?”秦国就这样把粮食运送到晋国，船队从雍城到绛城相继不断，被称为“泛舟之役”。

扩展阅读

冬，秦饥，使乞籴于晋，晋人弗与。庆郑曰[1]：“背施无亲，幸灾不仁，贪爱不祥，怒邻不义。四德皆失[2]，何以守国?”虢射曰[3]：“皮之不存，毛将安傅[4]？”庆郑曰：“弃信背邻，患孰恤之？无信患作，失援必毙，是则然矣。”虢射曰：“无损于怨而厚于寇，不如勿与。”庆郑曰：“背施幸灾，民所弃也。近犹雠之[5]，况怨敌乎？”弗听。退曰：“君其悔是哉！”

（《左传·僖公十四年》）

【注释】

①庆郑：晋国大夫。

②四德：指亲、仁、祥、义四种道德。

③虢（guó）射：晋国大夫，晋惠公之舅。

④傅：通“附”，依附。晋惠公依靠秦的力量得以回国即位，晋惠公当初曾许诺做国君后，给秦国焦、瑕二邑作为回报，但最后却没有信守诺言。

⑤雠（chóu）：同“仇”。

【译文】

冬天，秦国发生饥荒，派人到晋国请求购买粮食，晋国人不给。晋国大夫庆郑劝谏道：“背弃恩惠就是不亲，幸灾乐祸就是不仁，贪爱己物就会不祥，激怒邻国就是不义。亲、仁、祥、义四种道德都丢掉了，用什么来保卫国家？”虢射却说：“皮已经不存在了，毛又将依附在哪里呢？”庆郑说：“丢掉信义背弃邻国，患难谁来周济？没有信用就会发生祸患，失掉救援一定会灭亡，事情就是这样。”虢射又说：“不会减少怨恨反而增强敌人实力，不如不给。”庆郑说：“背弃恩惠，幸灾乐祸，是百姓所唾弃的。亲近的人还会结成仇敌，何况本是怀有怨恨的敌人呢？”晋惠公不听。庆郑退朝后说：“国君恐怕要后悔这件事吧！”

点评

当初，晋国宫廷发生政乱，骊姬迷惑晋献公，谮毁诸公子，太子申生被害，诸公子流亡国外，公子夷吾逃奔到梁国。献公死后，在秦穆公的帮助下，夷吾回国即位，这就是晋惠公。惠公在位时，晋国连年发生灾荒，秦穆公又一次伸出援助之手。相反，晋惠公却多次背信弃义。回国即位前，他曾许诺给秦国焦、瑕二地以表示感谢，但回国后不仅没兑现，反而加强了对秦的防御；就是在“泛舟之役”第二年的冬天，秦国发生灾荒向晋国求援时，也遭到残忍的拒绝。一方是不计前嫌，以民为重，“其君是恶，其民何罪？”器宇轩昂，胸襟广阔！另一方是以怨报德，不计后果，“无损于怨而厚于寇”，患得患失，鼠目寸光。秦、晋的表现及后来的发展充分验证了孟子“得道多助，失道寡助”的至理名言，秦国越来越强大，终成伟业。

子鱼论战

僖公二十二年

楚人伐宋以救郑[1]。宋公将战[2]，大司马固谏曰[3]："天之弃商久矣[4]！君将兴之，弗可赦也已[5]。"弗听。

【注释】

①这句的背景是：僖公二十二年夏天，宋襄公为了争霸，率领许、卫等国攻打郑国，郑国是楚国的同盟国，于是楚为援救郑国攻打宋国。

②宋公：指宋襄公。

③大司马：主管全国军政的官。

④弃商：抛弃商族。宋是商的后代，弃商实为弃宋。

⑤赦：赦免。

【译文】

楚人为援救郑国而攻打宋国。宋襄公准备应战，大司马极力劝阻说："上天遗弃我们已经很久了，您想复兴它，这是违背上天的意愿而得不到赦免的！"襄公不听。

冬十一月己巳朔，宋公及楚人战于泓[1]。宋人既成列，楚人未既济[2]。司马曰："彼众我寡，及其未既济也，请击之。"公曰："不可。"既济而未成列，又以告。公曰：“未可。”既陈而后击之，宋师败绩[③]。公伤股[④]，门官歼焉[⑤]。

【注释】

①泓（hóng）：水名，在今河南柘（zhè）城西北。

②济：渡河。

③败绩：军队大败。

④股：大腿。

⑤门官：守卫宫门的官，战时侍卫在国君左右。

【译文】

冬十一月初一，宋襄公和楚人在泓水边交战。宋军已经布好兵阵，而楚军还没有渡过河。司马说：“他们人多，我们人少，趁他们还没有完全渡过河，请您下命令发动攻击。”襄公说：“不可以。”楚军渡过河后，还没有完全摆好阵势，司马又一次请宋公出击。公说：“还不行。”等楚军摆好阵势之后襄公才下令进攻，结果宋军大败。襄公大腿受伤，侍卫被杀死。

国人皆咎公[①]。公曰：“君子不重伤[②]，不禽二毛[③]。古之为军也，不以阻隘也[④]。寡人虽亡国之余[⑤]，不鼓不成列。”子鱼曰：“君未知战。勍敌之人[⑥]，隘而不列，天赞我也[⑦]。阻而鼓之，不亦可乎？犹有惧焉。且今之勍者，皆吾敌也。虽及胡耇[⑧]，获则取之，何有于二毛？明耻[⑨]、教战，求杀敌也。伤未及死，如何勿重？若爱重伤，则如勿伤；爱其二毛，则如服焉[⑩]。三军以利用也[⑪]，金鼓以声气也[⑫]。利而用之，阻隘可也。声盛致志，鼓儳可也[⑬]。”

【注释】

①咎：责备，埋怨。

②重（chóng）伤：杀伤已经受伤的敌人。

③禽：同“擒”。 二毛：头发有二色，即头发花白的人。

④阻隘：地势阻隔而险要。

⑤亡国之余：已经灭亡的殷商的后代。

⑥勍（qíng）：强劲有力。

⑦赞：帮助。

⑧胡耇（gǒu）：老年人。

⑨明耻：让士兵认识战败的耻辱。

⑩服：服从，臣服。

⑪以：凭借。 利：天时地利。 用：施用，这里指作战。

⑫金鼓：古代击鼓进军，鸣金收兵。 气：士气，指鼓舞士气。

⑬儳（chán）：混乱，参差不齐。

【译文】

全国人都归罪宋襄公。他却说："君子不伤害伤员，不捉拿头发花白的人。古代用兵之道，不凭借地势阻隔和险要取胜。我虽然是殷商的后代，但也不能攻击没有摆开阵势的敌人。"子鱼说："国君不懂得作战。强敌因地形险阻而来不及摆开阵势，这是上天在帮助我们。把他们拦截在那里而阻击他们，不也是可以的吗？即使这样，还害怕有失。况且这些强大有力的人，都是我们的仇敌。即便是老年人，抓住后就带回来，对敌人有什么怜惜！说明什么是耻辱，以此教导士兵作战，是为了杀死敌人。敌人受伤而没有死，为什么就不能再次杀死他？如果爱惜敌人伤员而不再杀他，就应当一开始不杀伤他；爱惜他们头发花白的人，还不如一开始就向他们投降！军队要凭借天时地利来作战，鸣金击鼓是为了鼓舞士气。抓住时机并充分利用它，依靠屏障天险是可以的；既然鼓声大作可以鼓舞士气，攻击没有摆开阵势的敌人也是可以的。"

扩展阅读

泓之战，以为复雩之耻也。雩之耻，宋襄公有以自取之。伐齐之丧，执滕子，围曹，为雩之会[①]，不顾其力之不足，而致楚成王，成王怒而执之。故曰：礼人而不答，则反其敬[②]；爱人而不亲，则反其仁；治人而不治，则反其知[③]。过而不改，又之，是谓之过。襄公之谓也。古者被甲婴胄[④]，非以兴国也，则以征无道也，岂曰以报其耻哉？

（《穀梁传·僖公二十二年》）

【注释】

①雩（yú）之会：僖公二十一年秋天，宋襄公召集楚、陈、蔡、郑、许、曹等诸侯国在雩地会盟。盟会中，楚人抓住宋襄公并攻打宋国，在冬天举行的亳（bó）之会中才释放了他。雩，即盂，宋地名，在今河南睢县东南。

②反：反省，自我检查。

③知：通“智”，智慧。

④婴：披戴。

【译文】

这次宋、楚在泓水交战，被认为是宋襄公为了报复他在雩之盟中所蒙受的耻辱。然而雩之盟中的耻辱，是宋襄公咎由自取。他攻打正在操办丧事的齐国，捉拿滕国的国君，包围了曹国，召集各国的诸侯到雩地来会盟，完全不顾自己的力量不足，竟招来了楚成王，楚成王一怒之下，就把他抓了起来。所以说，待人以礼却没有相应的报答，就应该反省自己的礼貌是否得当；对别人友好，别人却并不对自己亲近，就应该反省自己的仁爱是否值得；要管理别人，别人却不服从，就应该反省自己是否有足够的才智治理别人。犯了错误而不改正，又再次犯错，这就是所谓“过”。说的就是宋襄公这种人啊。古代披上铠甲戴上头盔，不是为了使国家兴盛，就是为了征讨没有道义的人，难道说是为了报复自己的耻辱吗？

点评

这篇文章记叙的是宋、楚两国在泓水附近进行的一场近乎儿戏的战争。这时，齐桓公已经去世五年，宋襄公想继之而成为新的霸主，于是发动了对郑国的战争，接着又想和楚国一决雌雄。当时楚国比较强大，宋国比较弱小，双方力量相差悬殊，因而宋国大司马子鱼力劝襄公不要出战。然而宋襄公醉心于称霸，不听子鱼劝告。作战中，他既对“敌众我寡”的形势认识不足，又不合时宜地讲究所谓的仁义礼数，一再错过战机，结果遭到惨败，本人也受伤，第二年因之死亡。

子鱼的论战也涉及两个方面：一是要知己知彼，不能违背时宜，强自为战。二是批评了宋襄公所谓“不重伤，不禽二毛”“不鼓不成列”等泥古不化的军事谬论，阐明了要及时抓住战机，务求克敌制胜的战争原则。

介之推不言禄

僖公二十四年

晋侯赏从亡者[1]，介之推不言禄[2]，禄亦弗及。推曰："献公之子九人，唯君在矣。惠、怀无亲[3]，外内弃之[4]。天未绝晋，必将有主。主晋祀者[5]，非君而谁？天实置之[6]，而二三子以为己力[7]，不亦诬乎[8]？窃人之财，犹谓之盗，况贪天之功以为己力乎？下义其罪[9]，上赏其奸，上下相蒙[10]，难与处矣。"

【注释】

①晋侯：指晋文公。

②介之推：姓介名推，亦作介子推，曾随晋文公流亡。 不言禄：不称己功以邀禄赏。

③惠：即晋惠公。 怀：即晋怀公。

④弃：遗弃，背弃。

⑤主晋祀者：主持晋国祭祀的人，即在晋国做国君的人。

⑥置：安排，指立文公为晋君。

⑦二三子：指“从亡者”。

⑧诬：欺骗。

⑨义：以……为义。

⑩蒙：蒙骗。

【译文】

晋文公封赏跟随他流亡的人，介之推没有提及禄位，禄位也没有赐给他。介之推说：“献公有九个儿子，只有君主还在人世。惠公和怀公不亲近任何人，最后众叛亲离。但是上天不让晋灭亡，一定会有明主出现。主持晋国祭祀的人，除了君主还能有谁？是上天安排文公为晋国国君的，然而那些人却认为是借助自己的力量，这不是欺骗么？偷别人的财物还被叫做强盗，更何况是贪占上天的功劳为自己的功劳呢？下面的人把罪过当作正义，上面的人则赏赐这种错误行为，上下互相蒙骗，这样就很难相处了。”

其母曰：“盍亦求之①？以死谁怼②？”对曰：“尤而效之③，罪又甚焉！且出怨言，不食其食。”其母曰：“亦使知之！若何？”对曰：“言，身之文也④；身将隐，焉用文之？是求显也。”其母曰：“能如是乎？与女偕隐⑤。”遂隐而死。

【注释】

①盍：何不。

②怼（duì）：怨恨。

③尤：过错。

④文：文饰，装饰。

⑤偕：一起，一道。

【译文】

介之推的母亲说：“何不也去求赏？这样死了能怨谁呢？”介之推说：“明知错误还要效仿，罪过就更大了。而且我口出怨言，不再享用他们的俸禄了。”他母亲说：“即使不求禄，也让他们知道这个道理，怎么样？”介之推回答道：“语言是行为的装饰，身体都要隐藏起来了，还要装饰做什么？这样做是去显露呀。”他的母亲说：“你如果真能这样做，我和你一起去隐居。”于是母子隐居起来一直到死。

晋侯求之不获，以緜上为之田[①]，曰：“以志吾过[②]，且旌善人[③]。”

【注释】

①緜（mián）上：地名，在今山西介休东南。 田：私田。

②志：标志，记载。

③旌（jīng）：表扬。

【译文】

晋侯寻找介之推没找到，就把緜上作为他的封田，说：“以此来记载我的过失，并且用来表扬行善的人。”

扩展阅读

介之推逃禄隐迹，抱树烧死[①]。文公拊木哀嗟[②]，伐而制屐[③]。每怀割股之功[④]，俯视其屐曰："悲乎足下!""足下"之称将起于此。

（刘敬叔《异苑》卷十）

【注释】

①传说介之推归隐后，晋文公感到对不起他，便烧山逼他出来，介之推坚决不出来受赏，最后抱树烧死。

②拊（fǔ）：抚摸。

③屐（jī）：木鞋。

④割股之功：晋文公即位前在国外逃亡，生活艰难，多日不知肉味，介之推割下自己大腿上的肉煮给文公吃。

【译文】

介之推逃避俸禄而隐居山中，后来抱树烧死。晋文公抚摸着树哀怜叹惋，命人把树伐倒做成木屐穿在脚上。文公每每念及介之推割下大腿上的肉给自己煮着吃的功劳，便低头看着木屐说："悲哀啊足下。"用"足下"敬称"你"便起源于这里。

点评

晋国发生宫廷之乱，公子重耳在国外流亡了十九年，才得以回国即位，这就是晋文公。作为从亡而有功者，介之推理应得到赏赐，但他却不言己功，不求封赏，逃禄归隐，甚至隐身至死，这种不为名不为利的高尚品格，是作者极力表彰的。物质的赏赐可以不取，但许多人又常常陷入声名的牢笼中而不能自拔。因此，在物质的束缚之外，还有一个声名的枷锁。而只有在抵制物质利诱之外，进而放弃对声名的追求，那才是真正的解脱，才能完成生命的自我圆全。介之推做到了这一点，因而当母亲问及“亦使知之”时，他断然答道：禄且不顾，何必求名！

除了“足下”一词的来历与介之推有关外，历史上还流传着寒食节的传说。说的是介之推隐居山中后，文公遍求不得，于是下令放火烧山，企图逼他出来，但介之推宁可抱树烧死。文公为悼念他，在介之推死日，即清明节前一、二天禁止生火煮饭，只许吃一些冷食。此后相沿成俗，称为寒食节。

烛之武退秦师

僖公三十年

九月甲午[①]，晋侯、秦伯围郑[②]，以其无礼于晋[③]，且贰于楚也[④]。晋军函陵[⑤]，秦军氾南[⑥]。

【注释】

①甲午：十日。

②晋侯：指晋文公。　秦伯：指秦穆公。

③无礼于晋：僖公二十三年（前637年），重耳流亡途经郑国时，郑文公没有以礼相待。

④贰于楚：重耳回国即位为晋君后，郑文公自觉“礼”亏，于是背晋亲楚，在晋楚城濮之战时，成为楚国的同盟军。

⑤军：驻扎。　函陵：郑国地名，在今河南新郑北。

⑥氾（fàn）：水名，在今河南中牟南，但水早已干涸。

【译文】

鲁僖公三十年九月十日，晋文公、秦穆公率兵包围了郑国，因为它曾对晋文公无礼，并且对楚国有意亲近。晋军驻扎在函陵，秦军驻扎在氾南。

佚之狐言于郑伯曰[①]：“国危矣！若使烛之武见秦君[②]，师必退。”公从之。辞曰[③]：“臣之壮也，犹不如人；今老矣，无能为也已。”公曰：

“吾不能早用子④，今急而求子，是寡人之过也。然郑亡，子亦有不利焉！”许之。

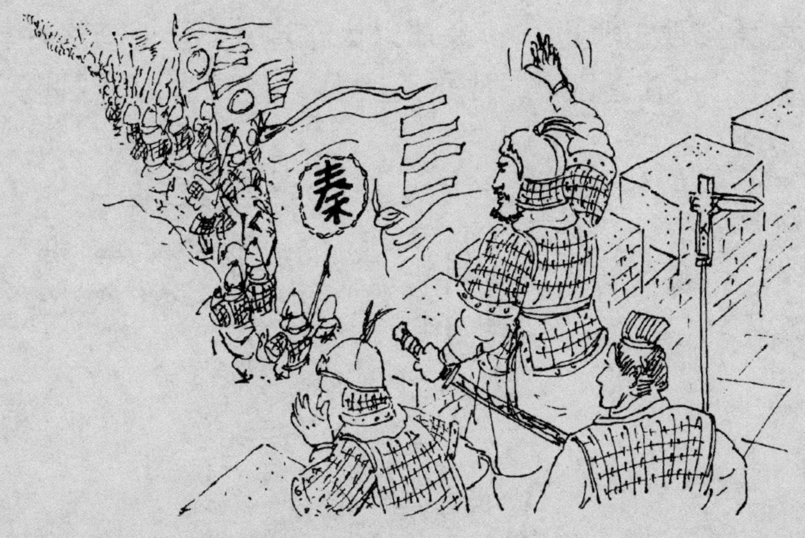

【注释】

①佚之狐：郑国大夫。　郑伯：郑文公。

②烛之武：郑国大夫。

③辞：推辞，谢绝。

④子：古代对男子的尊称。

【译文】

佚之狐对郑文公说：“国家有危险了！如果派烛之武去进见秦国国君，秦军一定会退兵的。”郑文公听从了他的建议。但烛之武却推辞说：“我年轻体壮时，尚不如人；现在老了，更是不能做什么了！”郑文公说：“我没早重用您，现在危难时却来求您，这是我的过错。可是郑国灭亡了，对您也有不利呀！”烛之武答应了郑文公。

夜，缒而出[①]。见秦伯曰："秦、晋围郑，郑既知亡矣。若亡郑而有益于君，敢以烦执事[②]。越国以鄙远[③]，君知其难也，焉用亡郑以陪邻[④]？邻之厚，君之薄也。若舍郑以为东道主[⑤]，行李之往来[⑥]，共其乏困[⑦]，君亦无所害。且君尝为晋君赐

矣[8]，许君焦、瑕[9]，朝济而夕设版焉[10]，君之所知也。夫晋何厌之有？既东封郑[11]，又欲肆其西封[12]。若不阙秦[13]，将焉取之？阙秦以利晋，唯君图之[14]！”秦伯说[15]，与郑人盟，使杞子、逢孙、杨孙戍之[16]，乃还。

【注释】

①缒（zhuì）：用绳子系住从城墙上放下去。

②执事：随从办事人员，这是客气话，实指秦穆公。

③越国：越过晋国。　鄙：边邑，用作动词。把远离秦的郑国作为边邑。

④陪：扩大，增加。　邻：指晋国。

⑤东道主：东行道路上招待食宿的主人。郑在秦之东，所以这样说，后来“东道主”代称主人。

⑥行李：古代称外交使节。

⑦共：同“供”，供应。　乏困：行而无资叫乏，居而无食叫困，这里泛指旅行中资财粮食等的不足。

⑧赐：恩惠。指晋惠公在秦穆公的帮助下回国即位。

⑨焦、瑕：晋国二地名，在今河南陕县附近。晋惠公曾把焦、瑕二邑许给秦国作为报答，但回国后就不承认了。

⑩版：打土墙用的夹板，这里指版筑的土墙，防御工事。

⑪东封郑：把郑国作为晋国东面的疆界。封，疆界。

⑫肆：伸展、扩张。

⑬阙：同“缺”，损害。

⑭唯：用于句首，表示希望的语气。　图：谋划，考虑。

⑮说（yuè）：同“悦”，高兴。

⑯杞子、逢孙、杨孙：均为秦国大夫。　戍：驻扎、防守。

【译文】

夜间，郑国人用绳子把烛之武从城墙上放下去。他拜见秦穆公说："秦晋两国军队围攻郑国，郑国已经知道就要灭亡了。如果灭亡郑国对您有益，我怎么敢这么晚来麻烦您呢。然而，越过晋国去把远方的郑国作为边境，您也知道其中的难处；哪里用得着灭亡郑国来扩大邻国的势力呢？邻国国势增强，就是秦国力量削弱。如果留下郑国让它做东行道路的主人，秦国使臣来往的时候，由郑国供应他们所缺少的东西，对您也没什么坏处。并且君王您曾经对晋君有恩，他们曾答应将焦、瑕两地送给您作为报答，但他早晨渡河回国，晚上就筑城抵御您，这都是您所知道的。晋国哪有满足的时候？东边已经向郑国开拓土地，又必然要极力扩张西边的土地。如果不损害秦国，他又到哪去取得土地呢？损害秦国以利于晋国，请君王您详加考虑。"秦王听了他的话很高兴，与郑国建立了联盟，并派杞子、逢孙、杨孙助郑戍守，便撤兵回国了。

子犯请击之①，公曰："不可。微夫人之力不及此②。因人之力而敝之③，不仁；失其所与④，不知⑤；以乱易整⑥，不武。吾其还也。"亦去之⑦。

【注释】

①子犯：晋国大夫孤偃的字。

②微：没有。　夫人：那个人，指秦穆公。晋文公也是借助秦国的力量回国即位的。

③因：依靠，凭借。　敝：损害。

④所与：同盟者。与，联合。

⑤知：同"智"。

⑥乱：指互相攻击。　整：指步调一致。
⑦去：离开。

【译文】

子犯请求晋文公出兵攻击秦军，晋文公说：“不可以。没有那个人的帮助，我就没有今天。依靠别人的力量而伤害他，这是不仁义；失掉同盟国，这是不明智；以互相攻击代替步调一致，这不算勇武。我们还是回去吧。”于是也撤兵回国了。

扩展阅读

齐孝公伐我北鄙[①]，公使展喜犒师[②]，使受命于展禽[③]。齐侯未入竟[④]，展喜从之，曰：“寡君闻君亲举玉趾[⑤]，将辱于敝邑[⑥]，使下臣犒执事[⑦]。”齐侯曰：“鲁人恐乎？”对曰：“小人恐矣，君子则否[⑧]。”齐侯曰：“室如县罄[⑨]，野无青草。何恃而不恐[⑩]？”对曰：“恃先王之命。昔周公、大公股肱周室[⑪]，夹辅成王。成王劳之[⑫]，而赐之盟，曰：‘世世子孙，无相害也。’载在盟府[⑬]，大师职之[⑭]。桓公是以纠合诸侯，而谋其不协[⑮]，弥缝其阙[⑯]，而匡救其灾，昭旧职也[⑰]。及君即位，诸侯之望曰：‘其率桓之功[⑱]！’我敝邑用不敢保聚[⑲]，曰：‘岂其嗣世九年[⑳]，而弃命废职？其若先君何？君必不然。’恃此以不恐。”齐侯乃还。

（《左传·僖公二十六年》）

【注释】
①我：指鲁国。
②犒（kào）师：慰劳军队。
③展禽：鲁国大夫，展喜的哥哥，名获，谥惠，食邑于柳

下，又称柳下惠。

④竟：同“境”。

⑤玉趾：贵脚，贵步。敬语。

⑥辱：使您蒙受耻辱。　敝邑：我国。　均为自谦之词。

⑦执事：左右办事的官员，用作对对方的敬称。这里代指齐孝公。

⑧否：不然，不害怕。

⑨县罄（xuán qìng）：悬挂着的磬。县，即后之“悬”字。罄，通“磬”，乐器，中间空洞无物，比喻空无所有，贫乏之极。

⑩恃：依靠。

⑪大公：太公，齐国始祖姜尚，又称姜太公。　股肱：大腿和胳膊，比喻得力的大臣，此指辅佐。

⑫劳：慰问。

⑬载：也叫载书，指盟约。　盟府：掌管盟约文书档案的官府。

⑭大师：太师，即太史，周代设立的官职，掌管典籍等。职：掌管。

⑮谋：商讨，有调节之意。　协：协同，团结。

⑯弥缝：弥补。　阙：同“缺”，缺失。

⑰昭：表明。　旧职：从前的职守，指太公辅佐周室的事业。

⑱率：遵循。

⑲用是：因此。　保聚：保城聚众，指修筑城郭，缮治甲兵。

⑳嗣世：即位。

【译文】

齐孝公攻打鲁国北部边境。鲁僖公派展喜去慰问齐军，并让他首先去向展禽学习外交辞令。齐侯没有入境，展喜便出境迎从说：“我们君王听说您亲自出动大驾，将要光临我们的土地，特派我来慰劳您的左右侍从。”齐侯问：“鲁国人害怕么？”展喜答道：“小人害怕，君子不害怕。”齐侯说：“屋子里空无一物，四野赤地千里，仗着什么而不害怕呢？”展喜说：“我们仗着先王的遗命。从前周公、太公共同辅佐周室，左右协助成王，成王慰问他们，赐给他们盟约，说：‘世世代代子子孙孙，永远不要互相侵犯。’盟约收藏在盟府，由太史掌管着。齐桓公因此召集各路诸侯，商量解决他们之间的矛盾，弥补他们的缺失，解救他们的灾难，恪尽从前的职守。到君王您即位后，诸侯都盼望说：‘他一定会继承桓公保护诸侯的功业！’我国因而不修筑城郭、聚众防守，都说：‘难道他即位才九年，就要背弃先王成命，废除太公的职责？这样他怎么对先君交待？您一定不会这么做。’我们就仗着这个信念因而不害怕。”齐侯于是撤兵回国了。

点评

《左传》长于记事，特别擅长于描写行人辞令，对奔走于诸侯之间的政治外交人员，依靠三寸不烂之舌说服对方的场面，《左传》的记叙尤为精彩。像烛之武退秦师就是其中的典型。烛之武在秦君面前侃侃而谈，直陈利弊，终于使秦的战略方向由攻郑转为戍郑，烛之武一言化敌为友、片语救国于难的才华，让人钦佩不已。能够抓住对方弱点，清楚分析出敌我之间的利害关系，从而改变对方立场，使对方乐于接受自己的观点，这是烛之武的成功之处。在“展喜犒师”一文中，面对齐军气势汹汹的征伐、齐侯“鲁人恐乎”的威吓和国家“室如县罄”的处境，展喜却不温不火，娓娓道来，从历史讲到现实，从齐桓公的霸业讲到人们对齐孝公的期待。表面上说的是鲁人不希望齐国征伐，实际却在指责齐国不应该动用武力，不卑不亢，绵里藏针。也收到了与烛之武退秦师同样的效果。

祖国古代的文化遗产是一座丰富的宝藏，值得我们从多方面去发掘。现代论辩技巧固然有了长足的发展，但《左传》的外交辞令、古代的论辩艺术都可给我们诸多启示。

蹇叔哭师

僖公三十二年

杞子自郑使告于秦[①]，曰："郑人使我掌其北门之管[②]，若潜师以来[③]，国可得也。"穆公访诸蹇叔[④]，蹇叔曰："劳师以袭远[⑤]，非所闻也。师劳力竭，远主备之[⑥]，无乃不可乎？师之所为，郑必知之。勤而无所[⑦]，必有悖心[⑧]。且行千里，其谁不知？"

【注释】

①杞子：秦国大夫。僖公三十年（前 630 年）受秦穆公指派，驻守郑国。

②管：钥匙。

③潜师：秘密派遣部队。

④访：询问。　蹇（jiǎn）叔：秦国元老。

⑤劳师：使军队疲劳。

⑥远主：远方国家的君主，指郑君。

⑦无所：指无所得。

⑧悖（bèi）心：违逆之心。

【译文】

秦国大夫杞子从郑国派人到秦国报告说："郑国让我掌管他们国都北门的钥匙，如果秘密地派来部队，郑国可以攻克。"穆公询问蹇叔，蹇叔说："使军队疲惫不堪地去攻打远方的国家，我没有听说过。军队疲劳，力量自然会衰竭，远方的国家必然有所防备，恐怕不行吧？我们军队的行动，郑国一定会知道；辛苦而无所得，部队一定会心有怨恨；况且大军走那么远的路，谁会不知道？"

公辞焉[①]。召孟明、西乞、白乙[②]，使出师于东门之外。蹇叔哭之，曰："孟子！吾见师之出，而不见其入也！"公使谓之曰："尔何知？中寿[③]，尔墓之木拱矣[④]！"

【注释】

①辞：拒绝。

②孟明：百里奚之子，名视，字孟明。　西乞：复姓，名述。　白乙：复姓，名丙。三人均为秦国将军。

③中寿：六七十岁。从文义推测，蹇叔当时已七八十岁。

④拱：两手合抱。

【译文】

秦穆公拒绝了蹇叔的劝告。召集孟明、西乞、白乙三位将领，让他们带兵从东门外出发。蹇叔哭着说："孟明，我能见到军队出发，却见不到军队回来了！"秦穆公派人对蹇叔说："你知道什么！如果你只活到中寿就死了的话，坟头的大树都有两手合抱粗了！"

蹇叔之子与师①，哭而送之，曰："晋人御师必于殽②，殽有二陵焉③：其南陵，夏后皋之墓也④；其北陵，文王之所辟风雨也⑤。必死是间，余收尔骨焉！"秦师遂东。

【注释】

①与：参加。

②殽（xiáo）：同"崤"，山名，在今河南洛宁北，地势险要。

③二陵：崤山的两座山峰。其间相距三十里。

④夏后皋：夏代君主，名皋，夏桀的祖父。

⑤辟：同"避"，躲避。

【译文】

蹇叔的儿子也在这支军队里，蹇叔哭着送他说："晋军必定在殽山伏兵截击。殽山有两座山头：南面的山头，是夏后皋的坟墓；北面的山头，文王曾在那里避过风雨。你必定死在这两座山头之间，我只好到那里收拾你的尸骨了！"秦国军队于是向东进发了。

扩展阅读

晋原轸曰①："秦违蹇叔，而以贪勤民，天奉我也②。奉不可失，敌不可纵。纵敌，患生，违天，不祥③。必伐秦师。"栾枝曰：

"未报秦施而伐其师[4]，其为死君乎[5]？"先轸曰："秦不哀吾丧而伐吾同姓[6]，秦则无礼，何施之为？吾闻之：'一日纵敌，数世之患也。'谋及子孙，可谓死君乎？"遂发命，遽兴姜戎[7]。子墨衰绖[8]，梁弘御戎[9]，莱驹为右。夏四月辛巳，败秦师于殽，获百里孟明视、西乞术、白乙丙以归。遂墨以葬文公。晋于是始墨。

（《左传·僖公三十三年》）

【注释】

①原轸：即先轸，因食采邑于原，所以又称原轸。

②奉：帮助，福佑。

③不祥：不善，不好。

④施：恩惠。

⑤死君：去世的国君，这里指刚死的晋文公。

⑥吾丧：这时晋文公刚死不久还没有下葬。 同姓：秦意在伐郑，最后灭滑而还。郑和滑都是姬姓国，所以说是晋之同姓。

⑦姜戎：本为秦、晋之间的一个部族，一向为秦所逐，所以愿为晋人出力。

⑧子：指晋文公之子襄公，因文公尚未葬，故称"子"。 衰（cuī）：白色孝服。 绖（dié）：麻腰带。古人认为出征时穿孝服不吉利，便染成黑色。

⑨梁弘：与下面"莱驹"均为晋大夫。

【译文】

晋大夫先轸说："秦穆公不听蹇叔的劝阻，而因为贪于得到郑国以致劳苦百姓，这是天助我们。天助不能丧失，敌人不可放走。放走敌人就会生出后患，违背天命就不会有好的结果。必须征伐秦军。"栾枝说："还没有报答秦国的恩惠，却讨伐他们的军队，这岂不是忘记了先君（文公）的遗命吗？”先轸说：“秦国不为我们的丧事悲伤，反而攻打我们的同姓国，这样看来是秦国不讲礼义，我们还讲什么恩惠？我听说：‘一天放了敌人，就会造成几代的祸患。’伐秦军正是为后代子孙打算，怎能说是忘记先君的遗命呢？”于是发布命令，让姜戎立即出兵。晋襄公把孝服染成黑色亲临指挥，梁弘驾驭战车，莱驹为车右。夏天四月十三日，在殽山打败了秦军，俘虏了秦军三帅百里孟明视、西乞术、白乙丙回来。于是就穿着黑色的丧服安葬了晋文公。晋国从此开始使用黑色丧服。

点评

穆公未听从蹇叔的劝告，终于还是出兵了。蹇叔对“劳师袭远”的弊端的分析不可谓不肯切，对见出不见入的秦军的哭送不可谓不情深，对“余收尔骨”的亲子的嘱托不可谓不凄然。蹇叔以言相谏，又一哭再哭，以哭相谏，但无论他的睿智与远见，还是他的苦劝与哭诉，都没能打动一意孤行的穆公，使他放弃攻打郑国的计划，这是为什么呢？就是因为贪心。这造成了秦穆公只想得到利益，却忽视了不利因素可能造成的恶果。此次战争的结果是秦不仅没有得到郑国，反而在回国的路上遭到晋国在殽山的伏击，秦军大败，孟明等三员大将被擒。

“利令智昏”，连秦穆公这样的一代霸主也不得幸免。可见“贪欲”是个危险而顽固的敌人，它会在某个不经意的角落，偷偷窥视你。当人性的弱点暴露出来，它就会乘虚而上，给你沉重的一击。

弦高犒师

僖公三十三年

三十三年春，秦师过周北门[①]，左右免胄而下[②]，超乘者三百乘[③]。王孙满尚幼[④]，观之，言于王曰："秦师轻而无礼[⑤]，必败。轻则寡谋，无礼则脱[⑥]。入险而脱，又不能谋，能无败乎？"

【注释】

①周北门：周天子都城洛邑（今河南洛阳）的北门。

②免胄：摘下头盔。古时礼节，军队经过天子的都门，应卸甲束兵，下车步行，以示尊重。

③超乘（shèng）：一跃而登车。这是说刚一下车就又跳上车去，这是轻狂无礼的举动。　三百乘（shèng）：三百辆。乘，古代一辆兵车叫一乘。

④王孙满：周大夫，周共王的儿子圉的曾孙。

⑤轻：指超乘之事。　无礼：指免胄之事。

⑥脱：随便，轻率。

【译文】

鲁僖公三十三年春天，秦军路过周朝都城的北门，左右武士脱头盔下车，但接着又跳上车的达三百乘之多。王孙满还很小，但看到这种情况，对周天子说："秦军轻佻无礼，必败无疑。轻佻就会缺少计谋，无礼就会纪律不严。进入险境，却纪律不严，又不能谋划，能不失败吗？”

及滑[1]，郑商人弦高将市于周[2]，遇之。以乘韦先[3]，牛十二犒师，曰：“寡君闻吾子将步师出于敝邑[4]，敢犒从者。不腆敝邑[5]，为从者之淹[6]，居则具一日之积[7]，行则备一夕之卫[8]。”且使遽告于郑。

【注释】

①滑：姬姓小国，在今河南偃师东南。

②市：做生意。

③以乘（shèng）韦先：先以四张熟牛皮相送。乘，古代一辆兵车叫一乘，每乘四匹马牵引，所以“乘”代指四。韦，熟牛皮。先，在先。古时送礼，先轻后重。

④吾子：对对方的尊称。　步师：行军。

⑤腆（tiǎn）：丰厚。
⑥淹：停留。
⑦积：指每天食用的东西。
⑧卫：保卫。

【译文】

秦军到达滑国，郑国的商人弦高要到周地去做生意，遇见秦军。于是他先送去四张皮革，接着又送去十二头牛犒赏秦军，说："我们君王听说你们将要行军到我们国家，特派我来犒赏各位。郑国贫乏，但愿为各位在郑国居留效劳，住一天我们就准备一日之需，要走我们就做好一夜的护卫工作。"同时马上派人到郑国去报信。

郑穆公使视客馆[①]，则束载、厉兵、秣马矣[②]。使皇武子辞焉[③]，曰："吾子淹久于敝邑，唯是脯资饩牵竭矣[④]，为吾子之将行也。郑之有原圃[⑤]，犹秦之有具囿也[⑥]。吾子取其麋鹿，以闲敝邑，若何？"杞子奔齐，逢孙、杨孙奔宋。孟明曰："郑有备矣，不可冀也。攻之不克，围之不继[⑦]，吾其还也。"灭滑而还。

【注释】

①客馆：接待外宾的处所。
②束载：捆束行装。　厉兵：磨砺兵器。　秣（mò）马：喂马。
③皇武子：郑国大夫。
④脯：熟肉。　资：干粮。　饩（xì）：杀而未煮熟的牲畜。　牵：尚未宰杀的牲口。

⑤原圃：郑国的猎苑。
⑥具囿（yòu）：秦国的猎苑。
⑦继：后继之师。

【译文】

郑穆公派人到宾馆去探视杞子等人的动静，发现他们已经整齐装束、磨好兵器、喂饱战马了。于是派皇武子辞退他们，说：“你们在敝国已经住了很长时间，只是这些供食用的脯资饩牵都用完了，你们也该要走了吧。郑国的原圃如同秦国的具囿一样，也是一个打猎的苑囿，你们可以随意自己猎取麋鹿，使敝国得以空闲，怎么样？”于是杞子逃往齐国，逢孙、杨孙逃奔宋国。孟明说：“郑国早有准备，没什么希望了。攻打它不能取胜，包围它又没有后援，我们还是回去吧。”于是灭掉滑国之后返回。

扩展阅读

宋公与楚子期以乘车之会[1]，公子目夷谏曰：“楚，夷国也，强而无义。请君以兵车之会往。”宋公曰：“不可！吾与之约以乘车之会，自我为之，自我堕之[2]？曰不可！”终以乘车之会往。楚人果伏兵车，执宋公以伐宋。宋公谓公子目夷曰：“子归守国矣。国，子之国也。吾不从子之言，以至乎此！”公子目夷复曰[3]：“君虽不言国，国固臣之国也。”于是归，设守械而守国。楚人谓宋人曰：“子不与我国，吾将杀子君矣！”宋人应之曰：“吾赖社稷之神灵，吾国已有君矣！”楚人知虽杀宋公，犹不得宋国，于是释宋公。宋公释乎执，走之卫。公子目夷复曰：“国为君守之，君曷为不入？”然后逆襄公归。

（《公羊传·僖公二十一年》）

【注释】

①期：约定。　乘车之会：会见时不带甲兵。

②堕：破坏。

③复：回命，回答。

【译文】

宋襄公与楚成王相约举行乘车之会，公子目夷劝谏说：“楚是蛮夷之国，依仗强势而不讲道义。请国君以兵车之会的准备赴会。”襄公说：“不行！我与他约定举行乘车之会，自己作的决定，怎能自己破坏它？所以说不行。”最后还是按照乘车之会的准备前往赴会。楚国人果然埋伏下兵车，逮捕了襄公，而且要攻打宋国。宋襄公对公子目夷说：“你回去守护国家吧。宋国是你的国家。我没有听从你的意见，才到了这个地步！”公子目夷回答说：“君王即使不说到国家，宋国本来也是我的国家。”于是回国，设置防守器械守卫国家。楚国人对宋国人说：“你们不给我国家，我们就杀掉你们的国君！”宋国人回答说：“我们靠社稷的神灵，我国已经有君王了！”楚国人知道即使杀掉宋襄公，仍然得不到宋国，于是就放了他。宋襄公被释放后，跑到卫国。公子目夷说：“我是为君主守卫国家的，君主为什么不回国呢？”于是从卫国迎回襄公。

点评

一直以来，人们对商人都有着偏见，“无商不奸”“重利轻义”“唯利是图”这些词常用来形容商人，然而商人弦高的表现则让人无限敬仰。为国家存亡，弦高不仅舍利——自己的十二头牛，而且重义——不惜冒险到敌军中犒师。弦高处乱不惊、善于应变的聪明才智与他为国敢于冒险的爱国精神，使他名留青史。

对爱国人士的赞颂，古今中外绵延不绝，爱国将士抛头颅，洒热血，是人们常听说的。像弦高这样以自己的机智勇敢救国的还有宋国的目夷，在宋襄公不听自己劝谏最终导致被囚时，目夷不仅替宋襄公守卫了国家，还用计谋保全了他的性命。对国君的忠诚，对国家的热爱，使目夷流芳千古。

晋灵公不君

宣公二年

晋灵公不君。厚敛以彫墙[①]。从台上弹人，而观其辟丸也[②]。宰夫胹熊蹯不熟[③]，杀之，寘诸畚[④]，使妇人载以过朝。赵盾、士季见其手[⑤]，问其故而患之。将谏，士季曰："谏而不入[⑥]，则莫之继也。会请先，不入，则子继之。"三进及溜[⑦]，而后视之，曰："吾知所过矣，将改之。"稽首而对曰[⑧]："人谁无过？过而能改，善莫大焉。《诗》曰：'靡不有初，鲜克有终[⑨]。'夫如是，则能补过者鲜矣[⑩]。君能有终，则社稷之固也，岂惟群臣赖之[⑪]？又曰：'衮职有阙，惟仲山甫补之[⑫]。'能补过也。君能补过，衮不废矣。"

【注释】

①彫墙：绘饰宫墙。此指晋灵公奢侈浪费，装潢宫殿。

②辟：同"避"，躲避。

③胹（ér）：炖，煮。　熊蹯（fán）：熊掌。

④畚（běn）：用植物条编成的筐子一类的器物。

⑤赵盾：晋卿，谥号宣子。　士季：名会，晋大夫。

⑥不入：不纳，指不接受谏言。

⑦三进：往前走了三次。　溜：通"霤"，屋檐下接水的沟

槽。士季往前走了一段路，就伏到地上行礼，灵公知道他要进谏，所以假装看不见，士季只好又往前走，再行礼，这样往前走了三次，已到屋檐下，灵公无可回避了，才理他。

⑧稽（qǐ）首：古时的一种礼节。先拜，然后双手合拢按地，头伏在手前边的地上并停留一会儿。

⑨靡：没有。 初：开始。 克：能够。 这两句诗见于《诗经·大雅·荡》。

⑩鲜：少。

⑪惟：只是。 赖：依靠。

⑫衮（gǔn）：古代帝王或三公穿的礼服，借指天子。 阙：过失。 仲山甫：周宣王时的贤臣。 这两句诗见于《诗经·大雅·烝民》。

【译文】

晋灵公不行君道，加重赋税用来装饰宫墙。他从台上用弹弓射人，看大家怎样躲避弹丸，以此为乐。厨师煮熊掌不烂，就杀掉了他，并且把他装在筐中，让女人用头顶着走过朝廷。赵盾、士季看到了死尸的手，问其为何被杀，并为此而感到忧虑。二人将上朝进谏，士季说："进谏如果不被采纳，那么就没有人继续进谏了。请让我先去进谏，如果不被采纳，您再继续进谏。"士季见晋灵公时行了三次礼，一直走到屋檐下，灵公才看了看他，说道："我知道我所犯的错误了，我会改正的。"士季叩头回答道："谁能不犯错误，知错能改，没有任何善事比这更大了。《诗经》上说：'事情无不有个好开始，很少能有个好结果。'这样看来，能够弥补过错的人太少了。君王能够有好结果，国家就有保障了，这岂止仅仅是群臣所依靠的。《诗经》中还说：'周宣王有没尽职的地方，只有仲山甫来弥补。'说的就是能弥补过失。君王您能自己补救过失，您的君位就会十分牢固了。”

犹不改。宣子骤谏①。公患之，使鉏麑贼之②。晨往，寝门辟矣③。盛服将朝，尚早，坐而假寐④。麑退，叹而言曰：“不忘恭敬，民之主也。贼民之主，不忠；弃君之命，不信。有一于此，不如死也。”触槐而死。

【注释】

①骤：多次。

②鉏麑（chú ní）：晋国力士。　贼：杀害。

③寝门：卧室门。　辟：开。

④假寐（mèi）：不脱衣冠闭目养神。

【译文】

然而灵公仍然没有改过。赵盾多次进谏，灵公很讨厌他这样做，于是派鉏麑去刺杀他。鉏麑早晨很早就到了赵家，赵盾卧室的门已经开了。赵盾穿戴整齐，准备上朝，但当时尚早，因而坐在那里闭目养神。鉏麑悄悄退出来，感叹着说："不忘恭敬从事，这是为民作主的人。杀百姓的主人，这是不忠；放弃君主的命令，这是不守信用。在不忠不信中有一样，还不如去死。"于是他一头撞在槐树上死了。

秋九月，晋侯饮赵盾酒①，伏甲②，将攻之。其右提弥明知之③，趋登④，曰："臣侍君宴，过三爵⑤，非礼也。"遂扶以下。公嗾夫獒焉⑥，明搏而杀之。盾曰："弃人用犬，虽猛何为？"斗且出⑦，提弥明死之。

【注释】

①饮（yìn）：给……喝。

②甲：铠甲，这里指穿铠甲的武士。

③右：车右，又称骖乘。古代一辆战车乘三人，尊者在左，御者在中，骖乘居右。车右都是勇力之士。

④趋登：快步登上堂去。

⑤爵：古代饮酒器。

⑥嗾（sǒu）：唤狗的声音，嗾使。　獒（áo）：猛犬。

⑦且：一边……一边……

【译文】

秋天九月，晋灵公请赵盾陪自己喝酒，埋伏下武士准备杀死他。赵盾的车右提弥明得知了这一情况，快步走上堂去说："臣下侍奉君主饮酒，超过三杯，就不合君臣之礼了。"于是扶赵盾下殿来。灵公吹起口哨，唤出一只猛狗咬赵盾。提弥明奋力搏斗杀掉了这只狗。赵盾说："不用人而用狗，虽然凶猛又有何用！"他们两人与埋伏的武士一边搏斗一边往外走，提弥明为保护赵盾而死。

初，宣子田于首山①，舍于翳桑②。见灵辄饿③，问其病，曰："不食三日矣！"食之④，舍其半。问之，曰："宦三年矣⑤，未知母之存否。今近焉，请以遗之⑥。"使尽之，而为之箪食与肉⑦，寘诸橐以与之⑧。既而与为公介⑨，倒戟以御公徒而免之⑩。问何故，对曰："翳桑之饿人也。"问其名居⑪，不告而退。遂自亡也⑫。

【注释】

①田：打猎。　首山：又名首阳山，在今山西永济南。

②舍：住宿。　翳（yì）桑：首山附近的地名。

③饿：因挨饿而病倒。

④食（sì）之：给他东西吃。

⑤宦（huàn）：做贵族的仆隶。

⑥遗（wèi）：给。

⑦箪（dān）：盛饭用的竹器。

⑧橐（tuó）：口袋。

⑨与：参加。　介：甲，指甲士。

⑩徒：步兵。公徒在这里指灵公手下的人。

⑪名居：名字和住处。

⑫亡：逃走，指赵盾逃亡。

【译文】

从前，赵盾到首阳山打猎，在翳桑休息。看到灵辄已经病倒了，问其病因，他说："我已经三天没吃饭了！"赵盾便给他东西吃，但灵辄吃的时候却留下一半。问他为什么，灵辄说道："我出来做仆隶已经三年了，不知母亲是否还活着。现在离家很近了，请允许我把这一半留给她吃。"赵盾让他吃完，并且给他准备了一筐饭和肉，放在口袋里送给他。不久，灵辄做了晋君的甲士，在这次事件中他把兵器掉过头来抵御灵公手下的其他甲士，才使赵盾最终免于祸难。赵盾问他为何保护自己，他说："我是翳桑的那个饿病之人。"又问他的名字和住所，没有告诉便退走了。赵盾自己也逃亡了。

乙丑[①]，赵穿攻灵公于桃园[②]。宣子未出山而复[③]。大史书曰[④]："赵盾弑其君[⑤]。"以示于朝。宣子曰："不然。"对曰："子为正卿，亡不越竟[⑥]，反不讨贼[⑦]，非子而谁？"宣子曰："乌呼！《诗》曰：'我之怀矣[⑧]，自诒伊慼[⑨]。'其我之谓矣。"

【注释】

①乙丑：二十六日。

②桃园：灵公的园囿。

③复：回来。

④大（tài）史：即太史，官名，负责记录国家大事，这里指晋太史董狐。　书：写。

⑤弑（shì）：古代子杀父、臣杀君叫弑。

⑥竟：同"境"。

⑦反：同"返"。　贼：这里指赵穿。

⑧怀：眷恋。

⑨诒：同“贻”，遗留。　伊：指示代词，那，那种。　慼：忧愁。　这两句是逸诗。

【译文】

九月二十六日，赵穿在桃园杀掉了晋灵公。赵盾尚未逃出晋国的国界，听说灵公已死，就回来了。晋太史记载道：“赵盾杀了他的国君。”并把它在朝廷上公布出来。赵盾说：“不是这样。”太史解释道：“你是正卿，逃亡没有走出国境，回朝以后又不讨伐大逆不道的人，弑君之人不是你是谁？”赵盾说：“唉！《诗经》上说：‘由于我的眷恋，结果反而给自己找来苦恼。’那就是说的我啊。”

孔子曰：“董狐，古之良史也，书法不隐[①]。赵宣子，古之良大夫也，为法受恶[②]。惜也，越竟乃免！”

【注释】

①书法：古代史官修史，对材料处理、史事评论、人物褒贬，各有原则、体例，这一系列原则称之为“书法”。隐：隐讳。

②受恶：指蒙受弑君的恶名。

【译文】

孔子说：“董狐是古代的好史官，记事秉笔直书；赵盾也是古代的好大夫，因为史官的记事原则被蒙以弑君的恶名。可惜呀，要是走出国境，就可以避免弑君的恶名了！”

扩展阅读

穿弑也，盾不弑而曰“盾弑”，何也？以罪盾也。其以罪盾何也？曰：灵公朝诸大夫而暴弹之[①]，观其辟丸也[②]。赵盾入谏，不听，出亡，至于郊。赵穿弑公，而后反赵盾[③]。史狐书贼[④]，曰：“赵盾弑公。”盾曰：“天乎，天乎！予无罪，孰为盾而忍弑其君者乎？”史狐曰：“子为正卿[⑤]，入谏不听，出亡不远，君弑，反不讨贼，则志同[⑥]，志同则书重[⑦]，非子而谁？”故书之曰“晋赵盾弑其君夷皋”者，过在下也。

（《穀梁传·宣公二年》）

【注释】

①暴：突然。

②辟：同“避”。

③反：同“返”。

④史狐：即太史董狐。

⑤正卿：春秋时诸侯国的最高执政大臣，权力仅次于国君。

⑥志同：想法一致。

⑦重：指身份、地位高。

【译文】

晋灵公是赵穿杀的，赵盾没有杀晋灵公，而《春秋》上说“盾弑”，为什么呢？为了谴责赵盾的罪过。谴责赵盾的罪过是怎么回事呢？回答说：晋灵公在大夫朝见他的时候，突然发出弹丸射击他们，看他们怎样躲避弹丸，以此取乐。赵盾进去劝阻，晋灵公不听，于是赵盾只好逃到城外。赵穿杀了晋灵公，然后叫回了赵盾。史官董狐记下了杀害晋灵公的凶手，写道：“赵盾杀害了灵公。”赵盾说：“天啊，天啊！我没有罪，谁会认为赵盾是一个忍心杀害自己国君的人呢？”史官董狐说：“你身为正卿，进宫劝谏国君不听，你就外出逃亡，却又不走远，国君被杀后，你回来也没有讨伐国贼，这就说明你和赵穿弑君的想法是相同的，想法相同就记载其中身份高的人，那么杀害国君的不是你又是谁呢？”所以《春秋》记载“晋赵盾弑其君夷皋”，也是为了表示罪责在臣下一边。

点 评

君有君道，臣有臣道。“君君，臣臣，父父，子子”，是儒家强调的重要纲常。为君要爱护下民，体恤百姓，任用贤士，赏罚分明；为臣则应忠诚君上，顺美匡恶，守文奉法，明察秋毫。而晋灵公却奢侈无度，暴虐成性，过而不改，滥杀无辜。他居然从台上用弹弓射人，看群臣怎样躲避弹丸，以此取乐，这是怎样一个荒唐君主！仅仅因为熊掌没煮熟就杀掉厨师，因为赵盾屡屡进谏就加以杀戮，这又是怎样一个无道君主！《左传》的作者用“不君”来评论他，是再恰当不过的了。

“多行不义必自毙”，晋灵公是死有余辜，不幸的是赵盾。赵盾刚正不阿又忠义敬业，这样难得的辅政大臣却没有碰到一个贤明的君主。他的忠心非但没有得到君主的赏识，反而为他招来杀身之祸，虽然得以逃脱，却在历史上始终背着个弑君的恶名。赵盾的遭遇很容易让人想起历史上的其他人：比干、屈原、岳飞等等，这些贤臣的不幸遭遇千百年来令人叹惋。

王孙满对楚子

宣公三年

楚子伐陆浑之戎[1]，遂至于雒[2]，观兵于周疆[3]。定王使王孙满劳楚子。楚子问鼎之大小、轻重焉[4]。对曰："在德不在鼎。昔夏之方有德也，远方图物[5]，贡金九牧[6]，铸鼎象物，百物而为之备，使民知神奸[7]。故民入川泽、山林，不逢不若[8]。螭魅罔两[9]，莫能逢之。用能协于上下[10]，以承天休[11]。桀有昏德[12]，鼎迁于商，载祀六百[13]。商纣暴虐，鼎迁于周。

德之休明[14]，虽小，重也。其奸回昏乱[15]，虽大，轻也。天祚明德[16]，有所厎止[17]。成王定鼎于郏鄏[18]，卜世三十，卜年七百，天所命也。周德虽衰，天命未改。鼎之轻重，未可问也。”

【注释】

①楚子：楚庄王。　陆浑：在今河南嵩县。　戎：古时北方的少数民族，春秋时杂居于今山西、河南一带。

②雒：同“洛”，洛水。

③观兵：列阵，此指炫耀武力。

④鼎：指九鼎，夏朝以九州贡金所铸。鼎为王权象征，楚子问鼎，显示了要取代周室之意。

⑤图物：绘制各种物象。

⑥贡金：进贡青铜。　九牧：九州，用来指代天下。

⑦神奸：神灵与邪恶之物。

⑧不若：不顺，不吉之物。

⑨螭魅（chī mèi）：山林中的鬼怪。　罔两：亦作“魍魉”（wǎng liǎng），河川中的精怪。

⑩协：和谐，团结。

⑪休：保佑，福佑。

⑫昏德：昏乱无道。

⑬载祀：同义词连用，均为年的别称。

⑭休明：美善光明。

⑮奸回：奸恶邪僻。

⑯祚（zuò）：赐福。

⑰厎（dǐ）：固定，与“止”同义。

⑱定鼎：九鼎为传国重器，鼎之所在，即国都所在，定鼎即定都。　郏鄏（jiá rǔ）：周王城所在地，在今河南洛阳。

【译文】

楚庄王征伐陆浑之戎，一直打到洛水之滨，并在东周境内列阵示威。周定王派王孙满慰劳楚庄王，庄王向王孙满询问九鼎的大小轻重。王孙满对答道："鼎之大小轻重在于君王之德，不在鼎本身。从前夏朝的有德之君，下令把各地的东西绘成图像，让天下向王室进贡青铜，铸成九鼎并且把图像浇铸在鼎上，万物齐备于鼎上，使百姓知道什么是神物，什么是邪恶之物。所以百姓进入河川山林，就不会遇到不利于自己的东西。螭魅魍魉这些鬼怪精灵，便都不会碰上。因而能够使上下和谐，以承受上天的福佑。夏桀昏乱无道，鼎迁到了商朝，前后六百年。商纣王暴虐无道，鼎又迁到了周朝。德行如果美善光明，鼎虽小，也是重的；如果奸邪昏聩，鼎虽大，也是轻的。上天赐福于德行高尚的人，这是有定数的。成王把九鼎固定在王城，占卜的结果是传世三十代，享国七百年，这是上天的旨意。周的德行虽然有所衰减，但上天的命令却没有改变，九鼎的大小轻重，是不能随便询问的。"

扩展阅读

宋之盟[①]，楚人固请先歃[②]。叔向谓赵文子曰[③]："霸王之势，在德不在先歃，子若能以忠信赞君，而裨诸侯之阙[④]，歃虽后，诸侯将戴之[⑤]，何争于先？若违于德而以贿成事，今虽先歃，诸侯将弃之，何欲于先？昔成王盟诸侯于岐阳[⑥]，楚为荆蛮，置茅蕝[⑦]，设望表[⑧]，与鲜卑守燎[⑨]，故不与盟。今将与主狎诸侯之盟[⑩]，唯有德也。子务德无争先，务德，所以服楚也。"乃先楚人。

（《国语·晋语八》）

【注释】

①宋之盟：指鲁襄公二十七年（前 546 年），诸侯国在宋国签订停止战争的盟约。

②楚人：指楚国的令尹子木。　歃（shà）：歃血。古代结盟时，盟者都要杀牲饮血，以表信誓，叫歃血。主持盟会者先歃血，本次盟会由晋国和楚国主持。

③叔向：晋国大夫。　赵文子：即赵武，晋国的正卿。

④裨（bì）：补。　阙：同“缺”，缺失。

⑤载：拥戴。

⑥岐：山名，在今陕西岐山东北。　阳：山的南面。

⑦茅蕝（jué）：古代滤酒用的茅束。

⑧望表：祭祀山川时所立的木制的牌位。

⑨燎：庭燎，庭院中点燃的薪柴。

⑩狎：更替。

【译文】

宋国那次会盟，楚国人坚决请求先歃血盟誓。叔向对赵文子说：“霸王的权势，在于是否有德行，不在于是否先歃血。你如果能用忠诚信义赞助君王，而补救诸侯的缺失，即使歃血在后边，诸侯也必将拥戴你，何必争着先歃血？如果违背了德行而以财物行事，即使现在先歃血，诸侯也必将背弃你，何必非要先歃血呢？从前周成王与诸侯在岐山之阳会盟，那时楚国还是荆蛮之国，负责摆放菁茅，树立望表，跟鲜卑人一起看守庭燎，还没有资格参加盟会。现在他们竟然能和我们晋国轮流着主持诸侯的盟会，那是楚国积德的缘故啊。你要努力修养德行，不必争先歃血为誓，只有努力修养德行，才是最终制服楚国的根本办法。”于是就让楚国人先歃血盟誓。

点评

夏禹时期，曾收九州之铜，铸为九鼎，从此九鼎便成为国家权力的象征。商灭夏，周灭商，九鼎也便随着王朝的嬗变而几经迁徙。平王东迁后，周朝日益衰微，诸侯便纷纷萌发问鼎的野心。文中所记楚庄王是其中最突出的一例。但王孙满认为鼎仅仅是一种象征物，关键在于是否具有承载鼎之大小轻重的德。正如清代的余诚在《古文释义新编》中评此文时所说：“有德则下有以宜民，上有以成天，而无鼎者可以铸；无德则下无以宜民，上无以承天，而有鼎者可以迁。”为政以德，才能赢得民心，才能成就大业。晋国的叔向具有同样的认识，在他看来，歃血不过是一种会盟的形式，只有“务德”才能让他人敬服，至于歃血与否，顺序先后，都是次要的。

这种德政思想经过儒家的全面总结和升华，成为中国古代重要的政治思想。孔子曾说过：“为政以德，譬如北辰，居其所而众星拱之。”用仁德来治理国家，就像北极星，它处在一定的位置上，而众多星星都围着它。《菜根谭》中有句至理名言：“德为事业之基。”其实为人也好，治国也好，德都是一个重要的基础。

楚人献鼋于郑灵公

宣公四年

楚人献鼋于郑灵公[1]，公子宋与子家将见[2]，子公之食指动，以示子家[3]，曰："他日我如此，必尝异味。"

【注释】

①鼋（yuán）：形似鳖，比鳖大。

②公子宋：字子公。　子家：即公子归生。

③示：给人看。

【译文】

楚国人向郑灵公献了一只大鼋，公子宋和子家将要朝拜国君，公子宋的食指忽然自己颤动，就把它给子家看，并说："往日我的食指这样颤动，必定吃到珍馐美味。"

及入，宰夫将解鼋，相视而笑。公问之，子家以告。及食大夫鼋[①]，召子公而弗与也。子公怒，染指于鼎[②]，尝之而出。公怒，欲杀子公。

【注释】

①食（sì）：给……吃。

②染指于鼎：把手指伸进鼎中蘸了蘸。

【译文】

等到他们入朝，厨师正在剖解大鼋，两人互相看着笑了起来。灵公问他俩笑什么，子家就把刚才的情况告诉了灵公。等到郑灵公赐给大夫们鼋肉吃的时候，也召来了公子宋却故意不给他吃。公子宋非常气愤，把手指蘸在鼎里，尝了尝味道就退出去。灵公很生气，要杀死公子宋。

子公与子家谋先[①]，子家曰："畜老，犹惮杀之[②]，而况君乎？"反谮子家[③]。子家惧而从之。夏，弑灵公。

【注释】

①谋先：谋划先动手。

②惮（dàn）：害怕，顾忌，这里有不忍之意。

③谮（zèn）：说坏话诬陷别人。

【译文】

公子宋暗中与子家商量先动手，子家劝阻道："牲畜老了还不忍杀掉，何况是国君呢！"公子宋就反过来造谣诬陷子家要弑君作乱，子家惧怕公子宋的诬陷，只好跟着他干。这年夏天，他俩杀掉了郑灵公。

扩展阅读

晋人杀厉公[①]，边人以告[②]，成公在朝。公曰："臣杀其君，谁之过也?”大夫莫对，里革曰[3]：“君之过也。夫君人者，其威大矣。失威而至于杀，其过多矣。且夫君也者，将牧民而正其邪者也[4]，若君纵私回而弃民事[5]，民旁有慝无由省之[6]，益邪多矣。若以邪临民[7]，陷而不振，用善不肯专，则不能使，至于殄灭而莫之恤也[8]，将安用之?桀奔南巢[9]，纣踣于京，厉流于彘，幽灭于戏，皆是术也。夫君也者，民之川泽也。行而从之，美恶皆君之由，民何能为焉。”

(《国语·鲁语上》)

【注释】

①晋人：指晋大夫栾书、中行偃。公元前574年，晋国发生动乱，栾书、中行偃囚禁了晋厉公，第二年派人杀了他。

②边人：管理边境事务的官员。

③里革：鲁国太史。

④牧：统治，治理。

⑤回：邪恶。

⑥慝（tè）：邪恶。　省（xǐng）：省察。

⑦临：面对，引申为治理。

⑧殄（tiǎn）灭：消灭，灭绝。

⑨南巢：古地名，在今安徽巢湖境内。

【译文】

晋国人杀了晋厉公，鲁国管理边境的官员把这个消息禀告给朝廷，鲁成公正好在朝堂上。鲁成公问道：“臣子杀掉自己的君主，这是谁的过错?”大夫们没有人回答，里革说：“这是君主的过错。统治百姓的君王，他的威信是很高的。失掉了威信以至于被杀，他的过错一定太多了。作为国君，应该治理百姓并纠正他们的邪恶，如果君主放纵自己的私心恶念而抛弃了治理百姓这一大事，百姓中间有邪恶而不能明察，那么邪恶就会越来越多。如果以邪恶治理百姓，政事败坏而不能挽救，施行仁政又不肯专一，则不能支配民众，百姓到了灭亡的地步而无人体恤，这样还要国君做什么？夏桀最后逃到南巢，商纣王死在京城，周厉王被流放到彘地，周幽王在戏山被杀，这都是失去威信以邪治民的后果。君王对于百姓，就好像鱼养育在川泽。君行而民从，好的坏的都由君主决定，百姓怎么能无故弑君呢！”

点评

仅仅因为吃一只鼋，就引发了一起臣弑君的宫廷政变。表面看起来，这绝对是一个荒诞的故事，但却是实实在在的历史事实。造成这种历史的真正原因是什么呢？鲁国太史里革对晋厉公被杀一事的分析，让我们明白了其中的缘由。

其实，为君也好，为民也好，古代也好，现代也好，道理都是一样的。一个人的威信不是靠发号施令、颐指气使建立起来的，而是靠着去伪存真、弃恶扬善的凛然正气树立起来的。因信而威，以威成信，威与信是辩证统一的。

申舟使齐

宣公十四年

楚子使申舟聘于齐[①]，曰："无假道于宋[②]。"亦使公子冯聘于晋[③]，不假道于郑。申舟以孟诸之役恶宋[④]，曰："郑昭宋聋[⑤]，晋使不害，我则必死。"王曰："杀女，我伐之!"见犀而行[⑥]。及宋，宋人止之。华元曰："过我而不假道，鄙我也。鄙我，亡也。杀其使者，必伐我；伐我，亦亡也。亡，一也[⑦]。"乃杀之。楚子闻之，投袂而起[⑧]，屦及于窒皇[⑨]，剑及于寝门之外[⑩]，车及于蒲胥之市[⑪]。秋九月，楚子围宋。

【注释】

①楚子：楚庄王。 申舟：楚国大夫，名无畏，字子舟。 聘：古代诸侯之间或诸侯与天子之间派使节问候。

②假道：借路。

③公子冯（píng）：楚国大夫。

④孟诸：古泽名，在今河南商丘附近，现已无存。鲁文公十年（前617年），宋国安排楚穆王等到孟诸打猎，因宋君违反规定，申舟鞭打了他的仆人并在全军示众。

⑤昭：眼明，这里指明事理。 聋：本指耳朵听不见，此指昏聩，不明事理。

⑥见：引见，此指托付。 犀：申犀，申舟之子。

⑦一：相同，一样。

⑧袂（mèi）：衣袖。

⑨屦（jù）：用麻葛等制成的鞋。 窒皇：从堂到宫门的甬道。

⑩寝门：在庭院之外。

⑪蒲胥：楚地名。

【译文】

楚庄王派申舟到齐国聘问，告诉他："不必向宋国借道。"又派公子冯到晋国聘问，也不向郑国借道。申舟因孟诸之战而得罪了宋君，于是说："郑国明白事理，宋国昏聩，出访晋国的使者没有危险，我则必死无疑。"楚王说："宋敢杀你，我必然讨伐宋国。"申舟把儿子申犀托付给楚王后就出发了。路过宋国时，宋国人拦住了他。华元说："经过我国而不借道，这是鄙视我国。鄙视我国，就会灭亡我国。杀掉他们的使者，楚国必然要征伐我国；征伐我国，也会灭亡我国。反正一样都是亡国。"于是杀了申舟。楚庄王听到这个消息，拂袖而起，随从人员追到寝宫甬道才让他穿上鞋子，追到寝宫门外才让他佩戴上剑，庄王已走到蒲胥市中车驾才追上。秋九月，楚庄王派兵围攻宋国。

扩展阅读

虢之会[①]，鲁人食言[②]，楚令尹围将以鲁叔孙穆子为戮[③]。乐王鲋求货焉不予[④]。赵文子谓叔孙曰[⑤]："夫楚令尹有欲于楚，少懦于诸侯。诸侯之故，求治之，不求致也。其为人也，刚而尚宠，若及，必不避也。子盍逃之？不幸，必及于子。"对曰："豹也受命于君，以从诸侯之盟，为社稷也。若鲁有罪，而受盟者逃，鲁必不免，是吾出而危之也。若为诸侯戮者，鲁诛尽矣，必不加师，请为戮也。夫戮出于身实难，自他及之何害？苟可以安君利国，美恶一也[⑥]。"

（《国语·晋语八》）

【注释】

①虢之会：鲁昭公元年（前541年），楚、鲁、晋、齐、宋、

蔡等国在虢地会盟。虢，此指“东虢”，在今河南陕县东南。

②鲁人食言：指鲁国违背了会盟的宗旨，还没散会，季武子就攻伐莒国，占领郓城。

③围：楚恭王的儿子，当时做令尹。 叔孙穆子：名豹，鲁卿，此次代表鲁国参加盟会。

④乐王鲋：晋国大夫，也称乐桓子。

⑤赵文子：名武，晋卿。

⑥美恶：指死与不死。

【译文】

虢地那次盟会时，鲁国违背了盟会的主旨，楚国的令尹围主张杀掉鲁国与会的使臣叔孙穆子。乐王鲋向叔孙穆子索取财货想替他说情，穆子没给。赵文子对叔孙穆子说：“楚令尹在楚国有野心，认为诸侯们都很弱小。诸侯会盟的目的是为求得解决问题，不只是要求到会就行了。楚令尹为人刚愎自用，而且好自我尊崇，如果谁有罪过被他碰上，肯定无法躲避。你何不逃走呢？万一不幸的事发生，肯定会危及到你。”穆子回答说：“我从国君那里接受使命，来参加诸侯盟会，是为了国家。如果鲁国有罪，而参加盟会的人逃走了，鲁国一定免不了被征讨，这就是我出逃而危害了国家。如果我被诸侯杀掉，而对鲁国的诛伐也就到此为止了，必定不会再兴兵问罪，就请杀了我。被杀是出于自身犯罪，那确实难堪；如果是由于别人犯罪连及自己，又有什么妨害？如果可以让国君平安，对国家有利，死与不死是一样的。”

点评

古代凡是经过别国之境必须借道，有所谓“过邦假道”之礼。楚庄王自恃国大势强，居然命令出访使者不必向宋国和郑国借道，这便有一种狂傲自大、目空一切的意味。宋国偏偏不信这个邪，一气之下居然杀掉了楚使申舟。两国交战，不斩来使，宋国的表现自然也有些过分。从“楚子闻之，投袂而起，屦及于窒皇，剑及于寝门之外，车及于蒲胥之市”的细节描写可见，楚庄王当时是怎样的激愤，这确实是楚庄王始料不及的，他自食了恃强凌弱的恶果。

这里还让我们感喟的是楚使申舟的精神。“明知山有虎，偏向虎山行”，申舟明知一去不复返，却仍旧毅然前往。这就不单单是一个服从君命的问题，说明他具有肩负国家使命的强烈责任感和知难而上的可贵精神品质。叔孙穆子参加虢之会时，情况危急，根本来不及请示君命，但他想到的首先是国家和君主，为了国家的利益和国君的平安，他视死如归。最后终于在赵文子的帮助下，解除了鲁国的危难。

楚归晋知罃

成公三年

晋人归楚公子榖臣与连尹襄老之尸于楚①，以求知罃②。于是荀首佐中军矣③，故楚人许之。

【注释】

①榖臣：楚庄王的儿子。 连尹：楚官名。 襄老：楚臣。鲁宣公十二年（前597年），晋楚邲之战时，晋荀首射死襄老，射伤并擒获榖臣。

②求：换取。 知罃（yīng）：荀首之子，邲之战中被楚军所俘。

③荀首：晋上卿知庄子，封于知而以邑为氏。 佐：辅佐，指任副职。 中军：晋国军事编制，分左中右三军，主帅亲率中军。

【译文】

晋国把邲之战俘虏的公子榖臣和连尹襄老的尸体送还给楚国，以此要求交换知罃。此时，荀首已经是中军副帅，所以楚国同意了。

王送知罃[①]，曰："子其怨我乎？"对曰："二国治戎，臣不才，不胜其任，以为俘馘[②]。执事不以衅鼓[③]，使归即戮，君之惠也。臣实不才，又谁敢怨？"王曰："然则德我乎[④]？"对曰："二国图其社稷[⑤]，而求纾其民[⑥]，各惩其忿[⑦]，以相宥也[⑧]。两释累囚[⑨]，以成其好。二国有好，臣不与及[⑩]，其谁敢德？"王曰："子归，何以报我？"对曰："臣不任受怨[⑪]，君亦不任受德，无怨无德，不知所报。"王曰："虽然，必告不穀[⑫]。"对曰："以君之灵[⑬]，累臣得归骨于晋。寡君之以为戮，死且不朽。若从君之惠而免之，以赐君之外臣首[⑭]，首其请于寡君，而以戮于宗[⑮]，亦死且不朽。若不获命，而使嗣宗职[⑯]，次及于事，而帅偏师以修封疆[⑰]，虽遇执事，其弗敢违[⑱]。其竭力致死[19]，无有二心，以尽臣礼，所以报也。”王曰：“晋未可与争。”重为之礼而归之。

【注释】

①王：此指楚共王，其时指挥邲之战的楚庄王已去世。

②俘馘（guó）：俘虏。馘，割取耳朵，古代以割取敌军战死者左耳以记战功。

③执事：办事人员，这是敬语，实际指楚共王本人。 衅（xìn）：古代一种祭礼，即以牲畜的血涂抹在新制的器物上，这里指用杀死战俘的血涂抹器物。

④德：本指恩德，此指感恩。

⑤图：谋划，考虑。

⑥纾（shū）：缓和，解除。

⑦惩：克制。

⑧宥（yòu）：宽赦，原谅。

⑨累囚：即俘虏。累，捆绑。

⑩与及：发生关系。与，参与。

⑪任：担当。这两句意思是说：我没什么可恨你的，你也不值得我感激。

⑫不穀：不善，古代诸侯自称的谦词。

⑬灵：威灵，福。

⑭外臣：当时卿大夫对外国国君自称为外臣。

⑮宗：祖庙。

⑯宗职：宗族世袭的职务。

⑰帅：通“率”。 偏师：副将、副帅所属的军队。 修：治理。

⑱违：躲避，回避。

⑲致死：效死，即贡献生命。

【译文】

楚共王送别知罃，说："你怨恨我吗？"知罃答道："两国交兵，下臣没有才能，不胜任职责，所以做了俘虏。君王没有用我的血来祭鼓，而让我回国去接受刑罚，这是君王的恩惠啊。下臣实在没有才能，又敢怨恨谁？"楚王说："那么感激我吗？"知罃答道："两国都为自己国家打算，希望让百姓得到安宁，各自克制愤怒，以求得互相谅解。彼此释放战俘，以结成友好。两国友好，下臣不曾与谋，我又能感激谁呢？"楚王又说："你回国后，用什么报答我？"知罃回答说："我无所怨恨，您也担当不了受人感激，没有怨恨，没有恩德，不知道要报答什么。"楚王说："尽管如此，也一定要把你的想法告诉我。"知罃答道："托您的福，下臣得以回到晋国。如果寡君加以诛戮，死而不朽。如果由于君王的恩惠而赦免下臣，把下臣交给您的外臣——我父荀首，我父请求寡君同意，把下臣杀死在宗族的祖庙里，也死而不朽了。如果没有获得寡君诛戮的命令，而让下臣继承家族世袭的官职，等到承担晋国的政事，而率领一部分军队保卫边疆，即使碰到君王您的手下，我也不敢回避。我会竭尽全力以至于死，没有第二个心思，以此尽到为臣的职责，这就是用来报答您的。"楚王听后说："晋国是不可与之抗争的。"于是就对他重加礼遇而放他回国。

扩展阅读

襄公在楚，季武子取卞[①]。使季冶逆[②]，追而予之玺书[③]，以告曰："卞人将畔[④]，臣讨之，既得之矣。"公未言，荣成子曰："子股肱鲁国[⑤]，社稷之事，子实制之。唯子所利，何必卞？卞有罪而子征之，子之隶也[⑥]，又何谒焉？"子冶归，致禄而不出，曰："使予欺君，谓予能也。能而欺其君，敢享其禄而立其朝乎？"

（《国语·鲁语下》）

【注释】

①季武子：鲁国正卿。

②季冶：又称子冶，鲁国大夫。 逆：迎。

③玺书：盖了印的信。玺，春秋时卿大夫的印也叫玺，秦始皇以天子之印曰玺，后来成为皇帝印章的专有名词。

④畔：通“叛”。

⑤股肱：股，大腿。肱，胳膊。比喻辅助的大臣。

⑥隶：这里指分内的职事。

【译文】

鲁襄公在楚国的时候，季武子乘机攻占了卞城。他派季冶去迎接襄公，又追赶上季冶交给他一封盖了印的信，信上禀告襄公说：“卞城人要发动叛乱，我率兵讨伐他们，现在已经占领了卞城。”襄公看完信没说话，荣成子就让季冶转告季武子说：“您辅佐鲁国，国家的事，实际由您裁夺。既然一切听你的便，何况区区一个卞城？卞城人有罪，您去征讨他们，这是您分内的事，又何必奉告呢？”季冶回国后，交还了俸禄，辞官不仕，说：“让我欺骗君王，说我有才干。有才干却欺骗自己的君王，还怎么敢享受俸禄而在朝廷做官呢？”

点评

知罃在邲之战被俘，至鲁成公三年（前 588 年）遣归，前后已经过了十年。为什么过了十年才交换呢？因为荀首这时已升为中军副帅，成了晋国举足轻重的人物，楚王出于楚国的利益，想通过放归知罃结交荀首。正是基于这点，所以共王的问话几乎句句不离图报之意，而知罃的几次答话则均撇开个人恩怨，句句得体，不卑不亢，既不失个人尊严，又维护了国家利益，表现出弥足珍贵的人格和国格。

知罃的回答，让楚王对晋刮目相看。是什么真正打动了楚王，使之发出了“晋未可与争”的感叹呢？我想应该是知罃话中表现出的忠于职守的精神。鲁国大夫季冶因被人蒙蔽而无意中欺骗了国君，事后他主动交出了俸禄，辞官不仕，这也是一种诚厚自重、忠于职守的表现。

晋侯梦大厉

成公十年

晋侯梦大厉[①]，被发及地[②]，搏膺而踊[③]，曰："杀余孙，不义。余得请于帝矣[④]！"坏大门及寝门而入[⑤]。公惧，入于室[⑥]，又坏户。公觉，召桑田巫[⑦]。巫言如梦。公曰："何如？"曰："不食新矣[⑧]！"

【注释】

①晋侯：晋景公。　大厉：大鬼。

②被：同“披”。

③搏膺：捶打着胸脯。　踊：跳跃。

④得请于帝：请求天帝并得以允许。

⑤大门：宫门。　寝门：卧室的门。

⑥室：指内室。

⑦桑田：晋邑名。

⑧新：当年收成的麦谷之类。

【译文】

晋景公夜晚梦到一个大鬼，披着的散发拖到地上，捶打着胸脯又蹦又跳，说：“你杀了我的子孙，这是不义之举，我已请求天帝允许我为我的子孙报仇了。”于是毁坏了宫门和寝门走进来。景公害怕，躲进内室，大鬼又毁坏了内室的门。景公醒来后，召见桑田的巫人，巫人所说的情形与景公梦见的相同。景公问：“怎么样？”巫人说：“恐怕您吃不着今年的新麦了。”

公疾病[①]，求医于秦。秦伯使医缓为之。未至，公梦疾为二竖子[②]，曰：“彼，良医也，惧伤我，焉逃之？”其一曰：“居肓之上[③]，膏之下[④]，若我何！”医至，曰：“疾不可为也！在肓之上，膏之下，攻之不可[⑤]，达之不及[⑥]，药不至焉[⑦]，不可为也！”公曰：“良医也！”厚为之礼而归之。

【注释】

①病：指病重。

②竖子：童子，小孩儿。

③肓（huāng）：古代医学把心脏与隔膜之间叫“肓”。

④膏：心尖脂肪。

⑤攻：指用灸法治疗。

⑥达：指用针法治疗。

⑦药：指内服的药。

【译文】

景公病重，到秦国请医生。秦桓公派医生缓为他治疗。缓还没有到晋国，景公又梦见疾病变成两个孩子，一个说：“缓是个好医生，恐怕会伤害我们，往哪儿逃才好？”另一个说：“我们呆在肓的上边，膏的下边，能把我们怎么样！”缓到后，说：“病不能治了！病灶在肓的上边，膏的下边，灸法没有用，针刺够不着，药物的力量也到不了，不能治了！”景公说：“真是一个好医生啊！”馈送给他厚重的礼物让他回国了。

六月，丙午，晋侯欲麦，使甸人献麦①，馈人为之②。召桑田巫，示而杀之③。将食，张④，如厕⑤，陷而卒⑥。小臣有晨梦负公以登天，及日中，负晋侯出诸厕，遂以为殉⑦。

【注释】

①甸人：给诸侯管理土地的人。

②馈人：治膳的人，即厨师。

③示：这里指给他看已做熟的新麦。

④张：同“胀”，肚子胀痛。

⑤如厕：到厕所去。

⑥陷：掉到厕所中。

⑦殉：殉葬。

【译文】

六月的丙午日，景公想吃新麦，让甸人送来新麦，让厨师做好。于是召见桑田的巫人，把煮好的新麦给他看，然后杀了他。景公正要进食，突然肚子胀痛，立即上厕所，竟掉进厕所里死去。有一个宦官早晨梦见背着景公上天，等到中午，他背着景公从厕所出来，于是就让他为景公殉葬了。

扩展阅读

平公有疾，秦景公使医和视之[①]。出曰："不可为也。是谓远男而近女，惑以生蛊。非鬼非食，惑以丧志。良臣不生，天命不佑[②]。若君不死，必失诸侯。"赵文子闻之曰："武从二三子以佐君为诸侯盟主[③]，于今八年矣，内无苛慝[④]，诸侯不二，子胡曰'良臣不生，天命不佑'？"对曰："自今之谓。和闻之曰：'直不辅曲，明不规闇[⑤]，拱木不生危[⑥]，松柏不生埤[⑦]。'吾子不能谏惑，使至于生疾，又不自退而宠其政，八年之谓多矣，何以能久！"文子曰："医及国家乎？"对曰："上医医国，其次疾人，固医官也。"文子曰："子称蛊，何实生之？"对曰："蛊之慝，谷之飞实生之[⑧]。物莫伏于蛊[⑨]，莫嘉于谷，谷兴蛊伏而章明者也。故食谷者，昼选男德以象谷明，宵静女德以伏蛊慝[⑩]。今君一之，是不飨谷而食蛊也，是不昭谷明而皿蛊也[⑪]。夫文，'虫''皿'为'蛊'，吾是以云。"文子曰："君其几何？"对曰："若诸侯服不过三年[⑫]，不服不过十年。过是，晋之殃也。"是岁也，赵文子卒，诸侯叛晋。十年，平公薨[⑬]。

（《国语·晋语八》）

【注释】

①和：人名，秦国医生。

②佑：助。
③武：赵文子，名武。　二三子：指晋国众卿。
④苛慝（tè）：暴虐邪恶。
⑤规：告诫，规劝。
⑥拱木：大树，两手可以围抱的大树。
⑦埤（bēi）：低洼潮湿的地方。
⑧飞：指飞虫，实际就是我们现在所说的病菌。
⑨伏：潜藏。
⑩伏：这里指隐去，去掉。
⑪皿：器皿，这是说为蛊设置器皿接受它。
⑫诸侯服：如果诸侯归服，晋侯会更加无忧无虑地专于女色。
⑬薨（hōng）：诸侯死称薨。

【译文】

晋平公有病，秦景公派一名叫和的医生给他看病。医生看完出来说："不能治了。这就叫做疏远男人而亲近女人，被女人迷惑而生了蛊疾。不是因为鬼神作祟也不是由于饮食不当，是由于被女人迷惑丧失了意志。良臣将要死了，上天也不再保佑。如果君王不死，也肯定会失掉诸侯的拥护。"赵文子听到后说："我跟着诸位卿士辅佐国君当了诸侯的盟主，到现在八年了，国内没有残暴邪恶，诸侯对我们没有二心，你为什么说'良臣将死，天也不能保佑'呢？"回答说："我是指从今以后的情况。我听说：'正直的人不能辅佐邪曲的人，明智的人不能谏诤昏暗的人，大树不能生长在又高又险的地方，松柏不能生长在低洼潮湿的地方。'你不能谏止迷惑，以至于使国君生了病，又不能自己引退，而以执政为荣，认为八年够多了，这怎么能长久！"文子说："医生能医治国家吗？"回答说："上等医生首先能医国，其次是医治病人，这本来就是医生的职守。"文子说："你说的蛊惑，是怎么产生的？"回答说："蛊害了谷，谷里的飞虫产生了蛊惑。

万物没有不隐伏着蛊的，也没有什么东西比得上谷子好。谷子生长，蛊就隐伏，谷子不霉变，人吃后就得益聪明。所以吃谷子的人是白天选择有德的男人亲近，就像人吃谷那样聪明，晚间安于在有德的女人身边，才能避免蛊惑。现在君王昼夜亲近女人，这就等于不享受美好的谷子而一味去吃蛊虫，这就不会像吃谷的人那样聪明，而是做了接受蛊的器皿。从文字角度来看，'虫''皿'两字合起来就是'蛊'字，因此我这么说。"文子说："国君还能活多久？"回答说："如果诸侯归服，活不过三年，诸侯不归服，君王不能专于女色的话，也不能活过十年。超过了这个数，就是晋国的灾殃。"这一年，赵文子死了，诸侯都背叛了晋国。十年后，晋平公死去。

点评

晋侯夜梦大鬼来讨命，于是请来巫师，又请来医生。巫师和医生都说其将不治，最后，晋侯没有逃脱巫师和医生的预言，不治身亡。

这个故事可以给我们两个启示：一是景公的滥杀，终于遭到报应，虽然这只是个梦境，但我们说"日有所思，夜有所梦"，如果他多行善举，也就不会有此噩梦了。为人多行善才能求得心境的平和，也就能够少做恶梦了。为君者多行仁政，少昏淫才能够得以善终，"扩展阅读"中平公的荒淫靡乱也最终害了自己。第二，景公所请来的医生能够诊出其病已在膏肓不可救治，秦国医生缓医术的高明与扁鹊不相上下了，而医生和却给了我们一个崭新的视角，即"上医医国，其次疾人"，最好的医生是能够"医国"的，其次才是"医人"。

治国和治病道理是相同的，必须看到问题的实质，找到症结的所在，才能做到根除。由此推广开来，政治问题也好，身体疾病也好，其形成必有一个过程。堵塞每一个漏洞，政治方能清明；注意每一种修养，才不会养患成疾。

祁奚荐贤

襄公三年

祁奚请老[①]，晋侯问嗣焉[②]。称解狐[③]，其仇也。将立之而卒[④]。又问焉，对曰：“午也可[⑤]。”于是羊舌职死矣[⑥]。晋侯曰：“孰可以代之？”对曰：“赤也可[⑦]。”于是使祁午为中军尉，羊舌赤佐之。

【注释】

①祁奚：晋中军尉。　请老：告老，请求退休。

②嗣：接替中军尉职务的人。

③解狐：晋国大夫。

④卒：死。

⑤午：祁午，祁奚之子。

⑥羊舌职：复姓羊舌，名职，任中军尉佐之职（即副中军尉）。

⑦赤：羊舌赤，字伯华，羊舌职之子。

【译文】

祁奚请求退休，晋悼公问他谁能接替他担任中军尉职务。他首先推荐了解狐，这是他的仇人。正要任命他，解狐却死了。又问谁能接任，祁奚回答说："祁午可以。"这时候，羊舌职也死了。晋侯又问道："谁能够接替他?"祁奚回答道："羊舌赤可以。"于是晋悼公下令任命祁午为中军尉，羊舌赤为副职辅助他。

君子谓祁奚于是能举善矣[①]。称其仇，不为谄[②]；立其子，不为比[③]；举其偏[④]，不为党[⑤]。《商书》曰："无偏无党，王道荡荡[⑥]。"其祁奚之谓矣。解狐得举，祁午得位，伯华得官，建一官而三物成，能举善也。夫唯善，故能举其类。《诗》云："惟其有之，是以似之[⑦]。"祁奚有焉。

【注释】

①于是：在这件事上。

②谄（chǎn）：巴结奉承。

③比：为私利而无原则地结合，指偏爱自己的人。

④偏：直属的下级。

⑤党：袒护、偏袒。

⑥荡荡：平坦开阔的样子。这两句今见《尚书·洪范》。

⑦这两句诗见《诗经·小雅·裳裳者华》。

【译文】

君子认为祁奚在这件事情上能够举荐贤人。称举仇人，不是为了谄媚；推荐儿子，不是出于勾结；标举下属，不是因为袒护。《商书》上说："不偏爱不袒护，王道就会平坦广阔。"大概说的就是祁奚这样的人啊。解狐被推举，祁午得到职位，伯华得到官职，立了一个官位而做成了三件好事，这就是能够善于举贤了。正是因为自己贤能，所以才能够举荐跟自己一样的人。《诗经》中说："只有有德的人，才能举荐像自己一样的人。"祁奚确实做到了这一点。

扩展阅读

秋，栾盈出奔楚①。宣子杀羊舌虎②，囚叔向③。人谓叔向曰："子离于罪④，其为不知乎⑤？"叔向曰："与其死亡若何？《诗》曰：'优哉游哉，聊以卒岁⑥。'知也！"乐王鲋见叔向⑦，曰："吾为子请。"叔向弗应。出，不拜。其人皆咎叔向⑧，叔向曰："必祁大夫⑨。"室老闻之⑩，曰："乐王鲋言于君，无不行⑪。求赦吾子，吾子不许。祁大夫所不能也，而曰必由之，何也？"叔向曰："乐王鲋，从君者也⑫，何能行？祁大夫，外举不弃仇，内举不失亲，其独遗我乎？《诗》曰：'有觉德行，四国顺之⑬。'夫子，觉者也⑭。"

晋侯问叔向之罪于乐王鲋，对曰："不弃其亲⑮，其有焉。"于是祁奚老矣⑯，闻之，乘驲而见宣子⑰，曰："《诗》曰：'惠我无疆，子孙保之⑱。'《书》曰：'圣有謩勋，明征定保⑲。'夫谋而鲜过、惠训不倦者，叔向有焉。社稷之固也，犹将十世宥之⑳，以劝能者。今壹不免其身㉑，以弃社稷，不亦惑乎？鲧殛而禹兴㉒，伊尹放大甲而相之㉓，卒无怨色；管、蔡为戮㉔，周公右王㉕。若之何其以虎也弃社稷？子为善，谁敢不勉？多杀何为？"宣子说㉖，与之乘，以言诸公而免之。不见叔向而归，叔向亦不告免焉而朝。

（《左传·襄公二十一年》）

【注释】

①栾盈：又名栾孺子、栾怀子，晋下卿，佐下军。因与范宣子争权，事败之后，逃往楚国。

②宣子：即范宣子，晋平公时曾执掌晋国大权。 羊舌虎：叔向的弟弟。

③叔向：又名羊舌肸（xī），曾任太子太傅。

④离：同“罹”，遭遇。

⑤知：同“智”，明智。下句“知”同此。

⑥这两句不见于今本《诗经》，为逸诗。优哉游哉，悠闲自得的样子。聊，姑且。

⑦乐王鲋（fù）：晋大夫，又称乐桓子。

⑧咎：埋怨。

⑨祁大夫：即祁奚。

⑨室老：大夫府中蓄养家臣以为谋士，室老为家臣之长。

⑪行：成功。

⑫从：顺从，迎合。

⑬这两句诗出自《诗经·大雅·抑》。

⑭觉：正直。

⑮其亲：指羊舌虎。乐王鲋的意思是叔向不弃亲情，有可能参与其弟的阴谋。

⑯于是：当时，这时。

⑰驲（rì）：古代驿站专用车。

⑱所引诗句见《诗经·周颂·烈文》。无疆，无限。保，享用。

⑲语出《尚书·胤征》。謩，同“谟”，谋略。征，信任。

⑳宥：宽恕，原谅。

㉑壹：一世。

㉒鲧（gǔn）：传说中上古时代的部落首领，禹的父亲。因治水无功，被舜杀死在羽山。 殛（jí）：诛杀。

㉓伊尹：商朝初年的大臣，曾辅佐商汤灭夏。商汤的孙子太

甲即位后，坏商汤成法，被伊尹放逐，三年后悔过。伊尹把他迎回复位，继续辅佐他治理国政。 大甲：即太甲。

㉔管、蔡：周公旦的弟弟管叔和蔡叔，因联合殷商后裔发动叛乱被周公派兵杀死。

㉕右王：辅助成王。

㉖说：同“悦”。

【译文】

这年秋天，栾盈逃奔到楚国。范宣子杀了羊舌虎，囚禁了叔向。有人对叔向说：“您遭到灾难，大概是由于不聪明吧?”叔向说：“比起死和逃亡如何?《诗经》说：‘悠闲啊逍遥啊，聊且这样度过岁月。’这正是聪明啊。”乐王鲋去见叔向说：“我去为您求情。”叔向没有应声。乐王鲋走时，叔向也没有拜送。叔向的左右都责怪他，叔向说：“一定是祁大夫救我。”家臣之长听到了说：“乐王鲋对国君说话没有办不成的，他请求赦免您，您不答应。这是祁大夫不能做到的，而您却说一定要由他去办，这是为什么?”叔向说：“乐王鲋是一切顺从国君的人，怎么能办得到?祁大夫举荐宗族外的人不避讳仇人，推举宗族内的人不失掉亲人，难道唯独会留下了我吗?《诗经》上说：‘有正直的德行，四方的国家都会归顺。’他是一个正直的人啊。”

晋侯向乐王鲋询问叔向的罪过，乐王鲋回答说：“叔向不会抛弃亲情，恐怕有同谋作乱的事。”此时祁奚已经告老还乡了，听说这事，立即赶乘驿车去拜见范宣子。他说：“《诗经》中说：‘赐给的恩惠没有边际，子孙永远享用它。’《尚书》说：‘圣哲有谋略有功勋，应该相信并加以保护。’深有谋略而少有过错，给人以教诲却从不知疲倦，叔向是具备的。他是国家的柱石，即使他的十代子孙有过错还要宽宥，以此来勉励有能力的人。现在甚至叔向自身都难免于祸，这就是置国家于不顾，不是很糊涂吗？鲧被杀而禹兴起，伊尹放逐太甲而又辅佐他，太甲始终没有怨恨的神色；管叔、蔡叔被杀，周公照样辅佐他们的侄子成王。叔向怎么能因为羊舌虎而被杀呢？您做了好事，谁敢不努力？多杀人干什么？”范宣子很高兴，和祁奚共乘一辆车子，用好言劝谏晋侯赦免了叔向。祁奚不去见叔向就回家了，叔向也不向祁奚告谢赦免就去朝见晋侯。

点评

明君贤臣，是古代士人心目中君臣际遇的理想政治。但明君贤臣谈何容易，君明才能任贤，但缺少了知贤者的举荐，人再贤也难于尽展其才，君主再明也无法遍察群贤。古人讲“千里马常有，伯乐不常有”，就包含着这个意思。

祁奚真正尽到了推贤进能的职责，尤为难能可贵的是他“外举不弃仇，内举不失亲”的原则，推举仇人不是为了讨好，推举儿子不是出于偏爱，推举下属不是因为袒护，他看重的是这个人与承担的工作所适合的程度。正是其中所表现出的忠直无私的宽广襟怀和气魄，才使他赢得了大家的信赖和尊重。叔向身处囹圄之中，却断然拒绝了国君亲信又是近在眼前的乐王鲋，而把希望寄托在无权无势、已告老还乡的祁奚身上。而祁奚听说叔向被囚问罪，竟不顾年迈路远，亲自搭乘驿站传递的快车赶往京城营救；在劝说范宣子时，他从“社稷”而不是从私情着眼，由叔向的贡献与才能归结到国家社稷的兴败存亡；而在整个救叔向的过程中，他既事前不与叔向沟通，又事后“不见叔向而归”。这与乐王鲋未救人先来讨好，后被叔向拒绝而生怨毒之心要置叔向于死地，何啻天壤之别！

宋人献玉

襄公十五年

宋人或得玉，献诸子罕。子罕弗受。献玉者曰："以示玉人[①]，玉人以为宝也，故敢献之。"子罕曰："我以不贪为宝，尔以玉为宝。若以与我，皆丧宝也，不若人有其宝。"稽首而告曰："小人怀璧，不可以越乡[②]，纳此以请死也[③]。"子罕置诸其里[④]，使玉人为之攻之[⑤]，富而后使复其所[⑥]。

【注释】

①玉人：雕琢玉石的工匠。

②越乡：穿越乡里。杜预注："言必为盗所害。"

③请死：请免死。

④里：指子罕所居之里。

⑤攻之：雕琢玉石。

⑥其所：指献玉者的家。

【译文】

有一个宋国人得到一块璞玉，把它献给子罕。子罕不肯接受。献玉的人说："我把它拿给玉工看，玉工认为是块宝玉，所以我才敢献给您。"子罕说："我把不贪婪当作宝物，你把玉当作宝物。如果你把它给我，我们两人都失去了宝物，不如各人保有自己的宝物。"献玉人叩头告诉子罕说："小人怀藏玉璧，不可以穿越乡里，把它送给您是请求免于一死。"子罕把美玉放在自己的乡里，派玉工给他雕琢，献玉的人卖出玉璧，富有以后才让他回家。

扩展阅读

王孙圉聘于晋[①]，定公飨之[②]，赵简子鸣玉以相[③]，问于王孙圉曰："楚之白珩犹在乎[④]？"对曰："然。"简子曰："其为宝也，几何矣？"曰："未尝为宝。楚之所宝者，曰观射父[⑤]，能作训辞[⑥]，以行事于诸侯，使无以寡君为口实[⑦]。又有左史倚相[⑧]，能道训典[⑨]，以叙百物，以朝夕献善败于寡君，使寡君无忘先王之业；又能上下说于鬼神[⑩]，顺道其欲恶，使神无有怨痛于楚国[⑪]。又有薮曰云连徒洲[⑫]，金木竹箭之所生也。龟、珠、齿、角、皮、革、羽、毛，所以备赋[⑬]，以戒不虞者也[⑭]；所以共币帛[⑮]，以宾享于诸侯者也[⑯]。若诸侯之好币具[⑰]，而导之以训辞，有不虞之备，而皇神相之[⑱]，寡君其可以免罪于诸侯，而国民保焉。此楚国之宝也。若夫白珩，先王之玩也，何宝之焉？圉闻国之宝六而已。圣能制议百物[⑲]，以辅相国家，则宝之；玉足以庇荫嘉谷[⑳]，使无水旱之灾，则宝之；龟足以宪臧否[㉑]，则宝之；珠足以御火灾，则宝之；金足以御兵乱，则宝之；山林薮泽足以备财用，则宝之。若夫哗嚣之美[22]，楚虽蛮夷[23]，不能宝也。”

（《国语·楚语下》）

【注释】

①王孙圉（yǔ）：楚大夫。

②飨（xiǎng）：设宴招待。

③赵简子：晋大夫，名鞅。　鸣玉：把身上的佩玉弄得丁当作响。　相：古代主持礼节仪式的人。

④白珩（héng）：楚国贵重的佩玉。珩，系在玉佩上部的横玉。

⑤观射（yì）父（fǔ）：楚大夫。

⑥训辞：指外交辞令。

⑦口实：话柄。

⑧左史：楚官名，即史官。

⑨训典：先王流传下来的训令及典章制度。

⑩上下：指天地。　说：通“悦”。

⑪怨痛：怨恨。

⑫薮（sǒu）：水少而草木茂盛的湖泽。　云连徒洲：即云梦泽。

⑬赋：兵赋。

⑭不虞：没有意料到。

⑮共：同“供”。　币帛：缯帛，古代用来作为祭祀或馈赠的礼物。

⑯宾享：招待和馈赠。

⑰币具：礼品。

⑱皇神：伟大的天神。

⑲制议：裁决和评断。

⑳庇荫：保护。

㉑宪：表明，显示。　臧否（pǐ）：好坏，吉凶。

㉒哗嚣：喧哗，喧嚣，指鸣玉发出的声音。

㉓蛮夷：古代泛指中原华夏民族以外的少数民族。这里是王孙圉自谦之词。

【译文】

王孙圉到晋国访问，晋定公设宴招待他，赵简子佩带着丁当作响的佩玉担任傧相，他向王孙圉问道：“楚国的白珩还在吗？”王孙圉答道：“还在。”简子又问：“它作为宝物，有多大价值？”王孙圉说：“不曾把它作为宝物。楚国作为珍宝的，叫观射父，他擅长外交辞令，以此在各诸侯国的外交活动中，使人家无法拿我们国君做话柄。还有个左史倚相，能够熟稔古代典籍，依此安排各种事务，天天向君王陈述善恶成败的道理，使我君不忘先王的功业；又能沟通天地取悦鬼神，顺从神的爱好行事，使鬼神对楚国没有怨恨之心。还有一个大泽叫云连徒洲，是出产金、木、竹、箭的地方，还有龟、珠、齿、角、皮、革、羽、毛等各种物产，可以用来供给兵赋，以防备意外的灾难；可以用来供给缯帛，以招待和馈赠各诸侯。如果诸侯喜欢这些礼品，再有辞令加以疏导，有预防意外事件的准备，又得到天神的保佑，我们国君就可以不得罪于诸侯，而国家和百姓也得以保全了。这些才是楚国的宝物。至于那白珩，不过是先王流传下来的一种小玩意儿，算什么宝物呢？我听说国家的宝物不过六种而已。圣贤能够裁决评断各种事物，来辅佐国家，那么可作为宝贝；玉器能够保佑五谷丰登，没有水旱之灾，那么可以作为宝贝；龟甲能够表明吉凶，那么可以作为宝贝；珍珠足以防御火灾，那么可以作为宝贝；金属能够平定战乱，那么可以作为宝贝；山林湖泽能够供应财物用品，那么可以作为宝贝。至于那些丁当作响的美玉，楚国虽然是落后的蛮夷之邦，也不能把它当作宝贝。”

点评

什么是宝物？以什么为宝物？每个人心中都有不同的标准与尺度。宋人以玉为宝物，子罕以不贪为宝；赵简子以白珩为宝，王孙圉却更看重那些能够使国家兴盛的人与物。对一个人来讲，玉是身外之物，虽可珍惜却不能决定什么，只有他自身的修养、学识才能够相随一生，为其创造一生的价值，这些才是真正可贵的东西。对一个国家来说，稀有之物固然珍贵，但于国家安定、国家发展、国家威望均无重大意义，有时甚至起到相反的作用。只有人才、土地、资源才是国家最可宝贵的，人才可以制定高论良策，土地能够提供不尽宝藏，资源更是国家兴旺发达、繁荣昌盛的重要保障。

叔孙豹论不朽

襄公二十四年

二十四年春，穆叔如晋①，范宣子逆之②。问焉，曰："古人有言曰'死而不朽'，何谓也？"穆叔未对。宣子曰："昔匄之祖③，自虞以上为陶唐氏④，在夏为御龙氏⑤，在商为豕韦氏⑥，在周为唐、杜氏⑦，晋主夏盟为范氏⑧，其是之谓乎！"穆叔曰："以豹所闻，此之谓世禄⑨，非不朽也。鲁有先大夫曰臧文仲，既没⑩，其言立⑪，其是之谓乎！豹闻之：'大上有立德⑫，其次有立功，其次有立言。'虽久不废，此之谓不朽。若夫保姓受氏⑬，以守宗祊⑭，世不绝祀，无国无之。禄之大者，不可谓不朽。"

【注释】

①穆叔：鲁国执政官叔孙豹的名字。

②逆：迎接。

③匄（gài）：范宣子的字。

④陶唐：尧所治的地方。舜受尧禅，封尧子丹朱为王者后，称陶唐氏，终虞之世不改此号，故说"自虞以上为陶唐氏"。

⑤御龙氏：陶唐氏之后有刘累学会驯龙，侍奉孔甲，赐氏为

御龙。

⑥豕韦氏：豕韦本为彭姓国，祝融的后代，被商所灭，改封刘累的后代。

⑦唐、杜：二国名。商朝末年豕韦改称唐，周成王灭唐，迁徙到杜，为杜伯。先为唐氏，后为杜氏，所以说“在周为唐、杜氏”。

⑧范氏：杜伯之子隰（xí）叔奔晋，传四代到士会，食邑于范，为晋国辅佐大臣。

⑨世禄：世代为官受禄。

⑩没（mò）：死。

⑪立：犹言不废掉。

⑫大（tài）上：最高。

⑬保姓受氏：保存姓接受氏，即保持家世。

⑭宗祊（bēng）：宗庙。祊，宗庙门内设祭的地方。

【译文】

二十四年春天，叔孙豹到晋国，范宣子迎接他。范宣子问道：“古人说‘死而不朽’，指的是什么？”叔孙豹没有回答。范宣子接着说：“从前我的祖先，在虞舜之前是陶唐氏，在夏代是御龙氏，在商代是豕韦氏，在周代是唐氏、杜氏，为晋国主持中原盟会的也是我们范氏，所谓不朽大概说的就是这个吧！”叔孙豹说：“据我所闻，这叫做世禄，不是不朽。鲁国原来有位大夫叫臧文仲，死了以后，他的言论没被废弃，大概所谓不朽就是说这个吧！我听说：‘最高是树立德行，其次是建立功业，再其次是树立言论。’即使人死了很久也不会废掉，这才叫做不朽。至于像那些保持家世、守住宗庙、世世不断祭祀的人，无论哪国都有。这只是高官厚禄而已，不能叫不朽。”

扩展阅读

人固有一死，或重于泰山，或轻于鸿毛，用之所趋异也[①]。古者富贵而名摩灭，不可胜记，唯倜傥非常之人称焉[②]。

（司马迁《报任安书》）

【注释】

①趋：趋向，这里指死亡的目的和意义。

②倜傥（tì tǎng）：卓越，突出。

【译文】

人本来都会死亡，但有的人的死比泰山还重，有的人的死比羽毛还轻，这是因为其死亡的意义有所不同。

古代那些尽享富贵而名字没有流传下来的，数不胜数，只有那些卓越超群的人才能被后人称颂。

点评

什么是不朽？叔孙豹给了我们答案：“大上有立德，其次有立功，其次有立言。”只有这些被后人称颂而念念不忘的东西才叫做不朽。“不朽”在现在看来似乎有些过时了，现代的人们追求立竿见影的利益，追求得过且过的悠闲，甚至对于神圣的爱情也倡导“不求天长地久，但求一时拥有”，千古绝唱的凄美爱情也只在书中才能寻觅到。快节奏的社会生活，现代化的发展速度，让人们来不及讨论什么是不朽。然而我们应当看到不朽还是有的，为正义而牺牲的战士，为理想而献身的勇士，为真理而奋斗的壮士，还有很多为社会的进步兢兢业业工作的人们。

晏子不死君难

襄公二十五年

晏子立于崔氏之门外[①]，其人曰[②]："死乎[③]？"曰："独吾君也乎哉，吾死也？"曰："行乎[④]？"曰："吾罪也乎哉，吾亡也？"曰："归乎？"曰："君死，安归？君民者[⑤]，岂以陵民[⑥]？社稷是主；臣君者，岂为其口实[⑦]？社稷是养[⑧]。故君为社稷死，则死之；为社稷亡，则亡之。若为己死，而为己亡，非其私暱[⑨]，谁敢任之[⑩]？且人有君而弑之[⑪]，吾焉得死之？而焉得亡之？将庸何归[⑫]？"门启而入，枕尸股而哭[⑬]，兴，三踊而出[⑭]。人谓崔子："必杀之！"崔子曰："民之望也，舍之得民。"卢蒲癸奔晋，王何奔莒。

【注释】

①崔氏：指崔杼（zhù），齐国卿。崔杼娶棠姜为妻，齐庄公与棠姜通奸，庄公被崔杼杀死在家中。

②其人：晏子的随从，即手下人。

③死：殉君难而死。

④行：离开齐国而逃亡。

⑤君民者：做百姓君主的。

⑥陵民：凌驾于百姓之上。

⑦口实：俸禄。

⑧养：保护。

⑨私暱（nì）：个人亲近宠爱的人。

⑩任之：承担君难，即陪死、陪亡之意。

⑪人：指崔杼。《左传·襄公十九年》记载，庄公原为太子，后被废，另立牙为太子，襄公十九年灵公病重，崔杼趁机迎庄公即位为国君，故晏子说"人有君"。

⑫庸何：哪里。同义词连用，加强语气。

⑬股：大腿。

⑭踊：跳起。三踊是当时哭君之礼。

【译文】

晏子站在崔杼家门外，他的随从说："您要殉死吗？"晏子说："难道只是我一个人的君主吗，我殉死？"又问："您要逃亡吗？"晏子说："难道是我的罪过吗，我逃亡？"又问："那么您要回去吗？"晏子说："君主死了，回到哪里去？作为百姓的国君，难道是利用他的地位凌驾于百姓之上吗？是为了主持国家。作为君主的臣下，难道只是为了他的俸禄吗？是为了保护国家。所以君主为了国家而死，那么便为他殉死；为国家而逃亡，那么便随他逃亡。如果君主为自己而死或为自己逃亡，不是他自己宠爱的人，谁敢去承担责任呢？况且别人有君主反而杀死他，我怎能为他而死？又怎能为他而逃亡？又能回到哪里去呢？”崔杼家大门打开，晏子进去了。他把头伏在庄公尸体的大腿上号哭，站起来，往上跳了三次然后才出去。有人对崔杼说：“一定要杀了他！”崔杼说：“他是百姓敬仰的人，放了他，可以得到民心。”卢蒲癸逃到晋国，王何逃到莒国。

叔孙宣伯之在齐也①，叔孙还纳其女于灵公②。嬖，生景公。丁丑，崔杼立而相之，庆封为左相，盟国人于大宫③，曰：“所不与崔、庆者④——”晏子仰天叹曰：“婴所不唯忠于君、利社稷者是与⑤，有如上帝！”乃歃⑥。辛巳，公与大夫及莒子盟⑦。大史书曰：“崔杼弑其君。”崔子杀之。其弟嗣书⑧，而死者二人。其弟又书，乃舍之。南史氏闻大史尽死，执简以往。闻既书矣，乃还。

【注释】

①叔孙宣伯：即鲁国大夫叔孙侨如，鲁成公十六年逃亡到齐国。

②叔孙还：齐国公子。

③大（tài）宫：齐国太公庙。

④所不与崔、庆者：有不亲附崔氏、庆氏的人。下边还有盟辞，晏子没等读完就插言改了盟辞。

⑤不唯忠于君、利社稷者：晏子的盟辞是从忠君爱国角度提出的，正和崔杼的盟辞相对立。

⑥歃（shà）：歃血定盟。

⑦莒子：莒国君主。莒子朝齐，正遇上崔杼作乱没回去，故又与齐景公结盟。
⑧嗣书：继续这样写。

【译文】

叔孙宣伯在齐国的时候，叔孙还把叔孙宣伯的女儿送给齐灵公。受到宠爱，生了景公。五月十九日，崔杼立他为国君而辅佐他，庆封做左相，在太公庙里和国人结盟，说："有不亲附崔氏、庆氏的人——"晏子仰天长叹道："晏婴我如果不亲附忠君利国的人，有天帝为证！"于是就歃血为盟。二十三日，齐景公和大夫们以及莒子结盟。太史记载说："崔杼弑其君。"崔杼杀掉了他。他的弟弟接着这样写，又有两人被杀。还有一个弟弟又这样写，崔杼就由他去了。南史氏听说太史都死了，拿着竹简前去。听说已经如实记载了，这才回去。

扩展阅读

景公游于牛山[①]，北临其国城而流涕曰："若何滂滂去此而死乎[②]！"艾孔、梁丘据皆从而泣，晏子独笑于旁。公刷涕而顾晏子曰[③]："寡人今日游悲，孔与据皆从寡人而涕泣，子之独笑，何也？"晏子对曰："使贤者常守之，则太公、桓公将常守之矣[④]；使勇者常守之，则庄公、灵公将常守之矣。数君者将守之，则吾君安得此位而立焉？以其迭处之，迭去之，至于君也，而独为之流涕，是不仁也。不仁之君见一，谄谀之臣见二，此臣之所以独窃笑也。"

（《晏子春秋·内篇谏上》）

【注释】

①牛山：在今山东淄博东，一名鼎足山，又名牛首岗。

②滂（pāng）滂：盛大的样子。

③涕：眼泪。

④太公：齐地始封者，齐太公姜子牙。 桓公：春秋时期第一霸主。

【译文】

齐景公到牛山游赏时，向北眺望着都城临淄而流泪说："为什么要离开这堂堂大国而死呢！"从游的艾孔、梁丘据都陪着哭泣，唯独晏子在一旁发笑。景公擦去眼泪回头向晏子说："我今天游赏很悲伤，艾孔和梁丘据都陪着我流泪，你却独自发笑，这是为什么？"晏子回答说："假使让贤圣的君主能常守君位而不死，那么太公和桓公就会永远在君位上了；如果让勇武的君主能常守君位而不死，那么庄公和灵公也会永远在君位上了。这几位君王如果能常守君位，那么您怎能得到这个君位而立呢？正因为一代一代不断更迭，这样君位才传到您啊，而您却偏偏为此流泪，这是没有仁德之心。不仁德的君王见到了一个，讨好逢迎的臣子见到了两个，这就是我独自私下发笑的原因。"

点 评

"食君之禄，为君尽忠"，这是传统礼制规定的作为人臣的基本信条。但什么叫"尽忠"，如何"尽忠"，不同的人有着不同的理解。殉死，是随从的理解；歃血，是崔杼的表演；凡事"皆从"，是艾孔、梁丘据等人的态度。晏婴与此截然不同，面对咎由自取而死的齐庄公，他是枕尸而哭，三踊而出，做到尽人臣之礼；面对崔杼、庆封要挟大臣对景公盟誓的表演，他以社稷为重，义正辞严，决不盲从；面对喜怒无常、昏庸无道的齐景公，他常常据理力争，犯颜直谏，细致解释，精心疏导。正是这一片粲然可见的忠贞之心，他才能不愚从，不苟全，敢直言，正道而行。他的“忠君”显然比一般人高了一个档次，他是把国家、君主、臣子放在一起考虑而一切以维护国家利益为原则的人。

这里，我们还应为齐太史的精神而感动。面对崔氏的滥施淫威，他们仍然秉笔直书，具有“不虚美，不隐恶”的实录精神；面对崔氏的无辜杀戮，他们毫不畏惧，具有大义凛然的坚强意志。这种实录精神为我们后人研究历史，吸取历史经验与教训，提供了坚实可信的文字资料；而这种坚强意志，早已融入中华民族思想的建构之中，成为民族精神的一个重要方面。

庆封聘鲁

襄公二十七年

齐庆封来聘，其车美。孟孙谓叔孙曰[①]："庆季之车，不亦美乎？"叔孙曰："豹闻之：'服美不称[②]，必以恶终。'美车何为？"叔孙与庆封食，不敬。为赋《相鼠》[③]，亦不知也。

【注释】

①孟孙：即孟孝伯，又称仲孙羯（jié）。　叔孙：即叔孙豹。二人皆为鲁国大夫。

②不称：指与为人不相称。

③《相鼠》：《诗经·鄘风》中的一首诗。诗中有“相鼠有皮，人而无仪。人而无仪，不死何为”之句，叔孙豹以此讽刺庆封不懂礼仪。

【译文】

齐国左相庆封来鲁国访问，乘坐的车子十分华美。孟孙对叔孙说：“庆封的车子，不是很漂亮吗?”叔孙说：“我听说过这样的话：‘服饰漂亮和人不相称，最终一定会得到恶果。’漂亮的车子有什么用?”叔孙招待庆封吃饭，庆封表现得很不恭敬。叔孙为他赋《相鼠》这首诗，他也不知道是什么意思。

扩展阅读

智襄子为室美[①]，士茁夕焉[②]。智伯曰：“室美夫!”对曰：“美则美矣，抑臣亦有惧也。”智伯曰：“何惧?”对曰：“臣以秉笔事君[③]。志有之曰[④]：‘高山峻原，不生草木。松柏之地，其土不肥。’今土木胜，臣惧其不安人也。”室成，三年而智氏亡。

（《国语·晋语九》）

【注释】

①智襄子：即智伯，谥号襄子，晋国的卿。

②士茁：智伯的家臣。

③秉笔：执笔，指主管记事的人。

④志：记载。

【译文】

智伯建造的房屋非常华美，士茁晚上去见智伯。智伯说："房屋漂亮吧！"士茁回答说："漂亮倒是很漂亮，但是我也有所担心。"智伯问："担心什么？"士茁说："我掌管文笔侍奉您。古书记载中有这样的话：'高山峻岭，不生长草木。松柏下面的土地，土质不肥。'现在您大兴土木，我担心它不会让您安宁。"房屋建成，三年之后智氏灭亡。

点评

庆封车美，人却是华而不实，连叔孙讽刺他，他都听不懂；智伯只注重修缮华美的房屋，却忽略了品德的修养和执政的调整，最后也自取灭亡。美丽的外表如果缺少内在素养的支持，就会显得苍白无力，外在形式与内在品格的统一，才是美的最高境界。

中国传统思想十分强调德才兼备、内外和谐。孔子曾说过："质胜文则野，文胜质则史。文质彬彬，然后君子。"（《论语·雍也》）意思是只有仁义之道的"德"而缺乏礼乐修缮的"文"，就未免粗野，仅有"文"没有"质"就显得华而不实。只有"文""质"兼备，才德并茂，这样的人才称得上是真正的"君子"。屈原在《离骚》中叙述自己也是"纷吾既有此内美兮，又重之以修能"，注重"内美"与"外修"的统一。

我们常常看到有些人，打扮得光鲜亮丽，但一出口便让人感到其内在的浅薄、浮躁与空虚，做人应该首先注意提高自身的品德修养，这样才会立于不败之地。

子产不毁乡校

襄公三十一年

郑人游于乡校[①]，以论执政[②]。然明谓子产曰[③]：“毁乡校，何如?”子产曰：“何为?夫人朝夕退而游焉，以议执政之善否[④]。其所善者，吾则行之；其所恶者，吾则改之。是吾师也，若之何毁之?我闻忠善以损怨[⑤]，不闻作威以防怨[⑥]。岂不遽止[⑦]?然犹防川，大决所犯[⑧]，伤人必多，吾不克救也[⑨]；不如小决使道[⑩]，不如吾闻而药之也[⑪]。”然明曰：“蔑也今而后知吾子之信可事也[⑫]。小人实不才[⑬]，若果行此，其郑国实赖之[⑭]，岂唯二三臣[⑮]?”

【注释】

①乡校：乡间的公共场所，既是学校，又是乡人聚会议事的地方。

②执政：执掌政权的人。

③然明：郑国大夫，姓鬷（zōng），名蔑，字然明。 子产：郑国大夫，名公孙侨，春秋时期有名的政治家。

④善否：好与不好。

⑤损怨：减少怨恨。

⑥防：堵塞。

⑦遽：迅速。

⑧决：堤防溃决。　犯：危害。

⑨克：能够。

⑩道：同“导”，疏导。

⑪药之：以之为药，把它当作良药。

⑫信：确实。　可事：可以侍奉。

⑬小人：然明自谦之词。

⑭赖：依靠。

⑮二三臣：泛指大臣。

【译文】

郑国人在乡校里游玩聚会，议论政事。然明对子产说：“拆毁乡校，怎么样?”子产说：“为什么？人们早晚做完事情到乡校游玩，共同议论政事的好坏。他们认为好的，我们就推行；他们认为不好的，我们就改正。这是我们的老师啊，为什么要拆毁它呢？我听说多行善可以消除怨言，没听说摆出权威能够阻止怨恨。如果用堵塞的方法，民怨是马上可以完全制止。然而这就像防洪一样，洪水冲破大口子，伤人一定很多，结果便无法挽救了。不如开个小口子疏导河流，不如我们认真听取这些意见并把它作为苦口良药。”然明说：“我从今天以后知道您确实是可以侍奉的。我真是没什么才能。如果真的这样做下去，那么整个郑国确实会有所依靠了，岂止是我们这些大臣。”

仲尼闻是语也[①]，曰：“以是观之，人谓子产不仁，吾不信也。”

【注释】

①仲尼：孔子。

【译文】

孔子听到这些话，说："从这件事来看，别人说子产不仁，我不相信。"

扩展阅读

厉王虐[1]，国人谤王[2]。邵公告曰[3]："民不堪命矣[4]！"王怒，得卫巫，使监谤者。以告，则杀之。国人莫敢言，道路以目。

王喜，告邵公曰："吾能弭谤矣[5]，乃不敢言[6]。"邵公曰："是障之也[7]！防民之口，甚于防川[8]。川壅而溃[9]，伤人必多，民亦如之。是故为川者决之使导[10]，为民者宣之使言[11]。故天子听政，使公卿至于列士献诗[12]，瞽献曲[13]，史献书[14]，师箴[15]，瞍赋[16]，矇诵[17]，百工谏[18]，庶人传语[19]，近臣尽规[20]，亲戚补察[21]，瞽、史教诲，耆、艾修之[22]，而后王斟酌焉，是以事行而不悖[23]。民之有口也，犹土之有山川也，财用于是乎出[24]；犹其原隰之有衍沃也[25]，衣食于是乎生。口之宣言也，善败于是乎兴；行善而备败[26]，其所以阜财用衣食者也[27]。夫民虑之于心而宣之于口，成而行之[28]，胡可壅也？若壅其口，其与能几何[29]？”

王不听，于是国莫敢出言。三年，乃流王于彘。

（《国语·周语上》）

【注释】

①厉王：名胡，是西周的一个暴君。

②国人：当时对居住在国都中的人的泛称。

③邵公：名虎，周厉王的卿士（执政官）。

④命：政令。

⑤弭（mǐ）：制止，消除。

⑥乃：终于。

⑦障：本指防水之堤，这里用作动词，堵塞之意。

⑧防：挡水的堤坝，这里用作动词，堵塞之意。

⑨壅：堵塞。

⑩决：挖开，疏浚。

⑪宣：开导。

⑫公卿：三公九卿，周朝的高级官员。周朝官制建制分为公卿、大夫、士各级。

⑬瞽（gǔ）：乐官。

⑭史：史官。　书：指史籍。

⑮师：少师。　箴：一种规谏的文字。

⑯瞍（sǒu）：没有眼珠的盲人。　赋：指以抑扬顿挫的声调来朗诵。

⑰矇（méng）：有眼珠而失明的盲人。　诵：不讲究声调的普通诵读。

⑱百工：主管营建制造等事务的官职。

⑲庶人：平民百姓。
⑳近臣：国王身边的臣子。
㉑亲戚：指宗室及姻亲。
㉒耆（qí）、艾：指朝中老臣。六十岁称耆，五十岁称艾。
㉓悖（bèi）：违背。
㉔于是：从这里。
㉕原：高而平广的土地。 隰（xí）：低湿的地方。 衍沃：平坦而肥沃的土地。
㉖行善：百姓认为好的就实行。 备败：百姓认为不好的就加以防备。
㉗阜：增加。
㉘成：指深思熟虑。 行：指自然流露。
㉙与：赞成。 几何：多少。

【译文】

厉王暴虐无道，国人纷纷指责他。邵公告诫他说："人民忍受不了残暴的政令了！"厉王十分愤怒，找到卫国的一个巫者，让他监视指责天子的人。巫者报告后，则处死他们。京城的人不敢随便说话，在路上相遇只能以眼神来示意。

厉王很高兴，告诉邵公说："我能制止谤言了，他们终于不敢说话了。"邵公说："这是堵塞他们！堵塞百姓的口，比堵塞河流还要厉害。河水堵塞后被冲决，伤人必然很多，百姓也像这样。所以治水的人以疏浚的方法使水通畅，治理百姓的人开导他们让他们说话。所以古代天子处理朝政，让三公九卿以至于大夫、士人献诗，乐官献曲，史官献书，少师献箴言，瞍者朗诵，矇者吟咏，百工规谏，平民议论，近臣尽力规劝，亲戚补过纠偏，乐师和史官教诲君王，老臣们把这些意见加以归纳整理，然后君王考虑取舍，所以政事得以顺利开展而不违背情理。百姓有口，仿佛土地有山川，财富用度从中创造出来；仿佛原野有肥土沃田，吃穿之物从中生长出来。百姓用口发表言论，政事的好坏都从这里反映出来；施行善政而防止恶政，这才是增加财用衣食的根本。百姓在心里思考然后用语言表达，思虑成熟就会自然地流露出来，怎能堵塞呢？假如堵塞他们的嘴，那最后能有多少人服从你的统治呢？”

厉王不听从劝谏，于是京城的人不敢随意发表言论。过了三年，于是就把厉王放逐到彘地。

点评

郑国是在各大国的夹缝中求生存的春秋小国，但在子产辅政时期却能够内外安定，立于不败之地；西周是一个“溥天之下，莫非王土，率土之滨，莫非王臣”的泱泱王朝，但在厉王时期却开始走上日渐衰微的下坡路，他自己也被赶下了台，甚至被流放。这里的政治经验是很值得重视的。

关键在于对待民众的态度。只有广开言路，洞察民情，尊重民意，深得民心，才能使政策合理，民众安宁，统治坚固，社会稳定。邵公认识到了这一点，因而他把百姓之口比作出产财富用度、无尽宝藏的山川沃野，既应该理解他们是“虑之于心而宣之于口”，更应该“宣之使言”。子产也认识到了这一点，因而他把民众之言视为苦口良药，当作执政之师，主张不毁乡校，不仅为众人议论朝政提供场所，而且更要从众人的议论中寻求“行之”或“改之”的政策依据。历代开明的政治家，也都充分认识到了“民”对巩固统治的作用，唐太宗李世民接受了荀子“水则载舟，水则覆舟”的论断，这正是基于对历史和现实的总结。

子产作丘赋

昭公四年

郑子产作丘赋[①]。国人谤之曰[②]："其父死于路[③]，己为虿尾[④]。以令于国，国将若之何？"子宽以告。子产曰："何害？苟利社稷，死生以之[⑤]。且吾闻为善者不改其度，故能有济也[⑥]。民不可逞[⑦]，度不可改。《诗》曰：'礼义不愆[⑧]，何恤于人言[⑨]。'吾不迁矣[⑩]。"

【注释】

①作：制订。　丘赋：子产制订的军赋制度，规定"方一里为井，十六井为丘，每丘出戎马一匹，牛三头"。

②谤：指责。

③其父死于路：说的是子产的父亲子国为尉氏所杀之事。襄公十年，尉止等作乱，在朝廷上杀死了子驷、子国、子耳等大臣。

④虿（chài）：蝎类毒虫。这是“国人”怨恨子产重赋损害了他们的利益。

⑤以：由，顺随。

⑥济：成功。

⑦逞：放纵。

⑧愆（qiān）：过失。

⑨恤：害怕，担心。这两句不见于今本《诗经》，是逸诗。

⑩迁：改变。

【译文】

郑国子产制订丘赋的制度。国内的人们都指责他说：“他的父亲死在路上，他自己做蝎子尾巴。他在国内发布这样的命令，国家将要怎么办？”子宽把情况告诉子产。子产说：“有什么妨害？如果有利于国家，无论死活由它去。并且我听说行善政的人不改变他的法度，所以才能成功。百姓不可以放纵，法度不可以改变。《诗经》中说：‘礼义上没有什么错，何必担心别人说什么。’我不能改变了。”

扩展阅读

文公诛观状以伐郑[①]，反其陴[②]。郑人以名宝行成，公弗许，曰：“予我詹而师还[③]。”詹请往，郑伯弗许，詹固请曰：“一臣可以赦百姓而定社稷，君何爱于臣也？”郑人以詹予晋，晋人将烹之。詹曰：“臣愿获尽辞而死，固所愿也。”公听其辞。詹曰：“天降郑祸，使淫观状[④]，弃礼违亲。臣曰：‘不可。夫晋公子贤明，其左右皆卿才，若复其国，而得志于诸侯，祸无赦矣。’今祸及矣。尊明胜患[⑤]，智也；杀身赎国，忠也。”乃就烹，据鼎耳疾号曰：“自今以往，知忠以事君者，与詹同。”乃命弗杀，厚为之礼而归之。郑人以詹伯为将军[⑥]。

（《国语·晋语四》）

【注释】

①观状：晋文公即位前，流亡到曹国时，曹共公不加礼遇，而且听说他骈肋（肋骨连在一起），便在他洗澡时偷偷地躲在帘后看。

②陴（pí）：城墙上的女墙（矮墙）。

③詹：叔詹，郑国的卿。晋文公当初流亡到郑国，郑文公也不加礼遇，叔詹劝谏郑文公对他应该或尽礼或杀掉。

④淫：浸渍，指扩大而及。是说曹共公的不礼扩及到郑文公，郑文公也不加礼遇。

⑤胜：指遏止。

⑥詹伯：指叔詹。

【译文】

晋文公讨伐偷看他骈肋的曹共公之后又攻伐郑国，摧毁了郑国城墙上的矮墙。郑国人用重宝求和，晋文公没有应允，说："把叔詹交给我们，我们就退兵。"叔詹请求前往，郑文公不同意，叔詹一再申请说："我一个人去就可以拯救百姓、安定国家，您何必舍不得我呢？"郑国人于是就把叔詹交给了晋国，晋国人将要烹杀他。叔詹说："我请您允许我把话说完再死，这是我的愿望。"晋文公答应了他的请求。他说："上天把灾难降给郑国，让曹共公的无礼影响到郑君，使他抛弃了礼义背离了宗亲关系。我当时就说：'不能这样。晋公子贤明练达，他的左右都是辅国之才，如果回国做了国君，得志成为诸侯的盟主，我们的灾难无法逃脱了。'现在灾难已经降临了。尊重圣明，遏止祸端，这是聪明；献出自身，拯救国家，这是忠诚。"说完就主动就刑，他用手抓住鼎耳大喊道："从今以后，用聪明和忠诚来侍奉君主的人，和我一样下场。"晋文公于是下令不杀叔詹，而且用厚礼招待并送他回国。郑国任命叔詹做了将军。

点评

子产为了国家利益，将自己的生死安危置之度外；叔詹为了百姓和社稷，而毫不犹豫地面鼎就烹。这是多么慷慨的爱国志士，这是怎样豪迈的爱国精神！当年林则徐矢志不渝查禁鸦片，曾以子产自命而作联“苟利国家生死以，岂因祸福避趋之”！每一项改革在开始实施的时候，都必然承受着来自各个方面的压力，改革的对象自不必说，还有虽未涉及、但担心改革触动了自己切身利益的人，有坐在传统的安乐椅上而不愿丝毫有所变动的人，还有只要是新事物就七嘴八舌、指手画脚的人！面对这一切，子产态度明朗，语言掷地有声：“苟利社稷，死生以之。”这种舍生忘死的牺牲精神，代代相传，成为中华民族精神的一个重要方面。

阎没、女宽谏魏献子

昭公二十八年

冬，梗阳人有狱[①]，魏戊不能断[②]，以狱上。其大宗赂以女乐[③]，魏子将受之[④]。魏戊谓阎没、女宽曰[⑤]："主以不贿闻于诸侯，若受梗阳人，贿莫甚焉。吾子必谏。"皆许诺。退朝[⑥]，待于庭。馈入，召之。比置[⑦]，三叹。既食，使坐。魏子曰："吾闻诸伯叔[⑧]，谚曰：'唯食忘忧。'吾子置食之间三叹，何也？"同辞而对曰："或赐二小人酒[⑨]，不夕食[⑩]。馈之始至，恐其不足，是以叹；中置[⑪]，自咎曰[⑫]：'岂将军食之而有不足[⑬]？'是以再叹；及馈之毕，愿以小人之腹为君子之心[⑭]，属厌而已[⑮]。"献子辞梗阳人。

【注释】

①狱：诉讼。

②魏戊：魏献子庶子，为梗阳大夫。

③大宗：周代宗法以始祖的嫡长子为大宗。

④魏子：即魏献子，名舒，晋执政大夫。

⑤阎没、女宽：均为晋国大夫。

⑥退朝：魏献子退朝回来。

⑦比置：等到摆上酒菜。比，等到。

⑧伯叔：伯父叔父，指长辈。

⑨二小人：阎没、女宽自称。

⑩不夕食：意思是说昨晚有人给我们二人酒，我二人昨天未吃晚饭，现在很饿。

⑪中置：饭菜上了一半。

⑫自咎：自责。

⑬将军：指魏献子，当时魏献子将中军。

⑭君子：指魏献子。

⑮属：适，恰巧，只需。 厌：满足。

【译文】

冬天，梗阳人有诉讼，魏戊无法决断，便把这一案件上交给魏献子。诉讼一方的大宗用女乐贿赂魏献子，献子想要收下来。魏戊对阎没、女宽说："主人以不收受贿赂而名闻于诸侯，如果接受了梗阳人的女乐，没有比这更大的贿赂了。您二位一定要劝谏。"两个人都答应下来。魏献子退朝回来，二人已经等候在庭院中。送膳的进来，献子召二人一起用餐。摆上酒菜时，二人三次叹气。吃完饭，献子让两人坐下，对他们说道："我听长辈们说过这样的谚语：'只有吃饭的时候可以忘记忧愁。'你们二位在摆上酒菜的时候几次唉声叹气，这是为什么？"二人异口同声地说："有人请我们两个喝酒，昨天晚上没有吃饭。方才饭菜刚到，恐怕不够吃，所以叹气；等饭菜上了一半，自责说：‘难道将军赏赐我们吃饭会不够吃?’所以再次叹气；等到饭菜上完，又一次感叹，是希望自己的肚子能像您那样有君子之心，刚好吃饱就别要了。”于是魏献子就拒绝了梗阳人的贿赂。

扩展阅读

士景伯如楚[①]，叔鱼为赞理[②]。邢侯与雍子争田[③]，雍子纳其女于叔鱼以求直。及断狱之日，叔鱼抑邢侯[④]，邢侯杀叔鱼与雍子于朝。韩宣子患之，叔向曰：“三奸同罪，请杀其生者而戮其死者。”宣子曰：“若何?”对曰：“鲋也鬻狱[⑤]，雍子贾之以其子[⑥]，邢侯非其官也而干之。夫以回鬻国之中[⑦]，与绝亲以买直，与非司寇而擅杀，其罪一也。”邢侯闻之，逃。遂施邢侯氏，而尸叔鱼与雍子于市。

（《国语·晋语九》）

【注释】

①士景伯：晋卿，主管刑法。

②叔鱼：即羊舌鲋，叔向的弟弟。

③邢侯、雍子：均为晋国的大夫。

④抑：压制。

⑤鬻（yù）：卖。

⑥贾：买。

⑦回：邪曲。 中：公平，公正。

【译文】

士景伯到楚国聘问，叔鱼代他审理案件。邢侯和雍子为土地发生争端并提起诉讼，雍子把女儿嫁给叔鱼来求得胜诉。到了断案那一天，叔鱼压制邢侯，判决邢侯败诉，邢侯在朝廷上杀掉了叔鱼和雍子。韩宣子为此感到很忧虑，叔向说：“三个坏蛋罪过相同，可以杀掉活着的，把死了的陈尸示众。”宣子说：“为什么？”叔向说：“叔鱼贪赃枉法，雍子用自己的女儿收买法官，邢侯不是法官而干预刑法。用非法手段出卖国家的公法，与抛弃亲生女儿来收买法官，与不是法官而擅自杀人，他们的罪过是相同的。”邢侯听到这么处理，立即逃出了晋国。于是就处罚了邢侯家属，并把叔鱼和雍子的尸体放在大街上陈列示众。

点评

贿赂像一只毒瘤，侵蚀毒害着社会肌体的每一个部分。对待贿赂采取什么态度，这不仅仅是简单的智者、愚者之分，更重要的是它反映着一个人人格的高下崇卑，甚至关系着一个人、一个政权的声名和命运。有的人拒绝贿赂，正确地使用手中的权利，因而能够全身传名，如魏献子；有的人则处理不好贿赂与权利的关系，让权利成为贿赂的使者，让法律成为贿赂的奴隶，这必然遭到身败名裂的下场，如叔鱼。

贿赂得以公行，是由于利用了人性中贪欲的弱点。阎没、女宽正是抓住了这一本质，进谏魏献子摒弃“贪婪”的“小人之腹”，发扬不贪的“君子之心”，再加上以自责的方式巧妙进谏，因而得到成功。

当然，仅靠提高自身的修养，进行道德的自我完善，是不能完全彻底清除贿赂这一腐败现象的，加强法制建设是社会秩序得以科学规范、社会制度得以正常运转的有力保障。

申包胥乞秦师

定公四年

初，伍员与申包胥友[1]。其亡也，谓申包胥曰："我必复楚国[2]。"申包胥曰："勉之。子能复之，我必能兴之！"及昭王在随，申包胥如秦乞师[3]，曰："吴为封豕长蛇[4]，以荐食上国[5]，虐始于楚[6]。寡君失守社稷，越在草莽[7]，使下臣告急曰：'夷德无厌[8]，若邻于君，疆埸之患也[9]。逮吴之未定[10]，君其取分焉[11]。若楚之遂亡[12]，君之土也。若以君灵抚之[13]，世以事君！'"秦伯使辞焉[14]，曰："寡人闻命矣。子姑就馆，将图而告[15]。"对曰："寡君越在草莽，未获所伏[16]，下臣何敢即安[17]？"立，依于庭墙而哭，日夜不绝声，

勺饮不入口，七日。秦哀公为之赋《无衣》[18]，九顿首而坐[19]。秦师乃出。

【注释】

①伍员：字子胥，春秋楚人。父兄均被楚平王杀害，伍员逃亡到吴国。　申包胥：楚国大夫。

②复：通“覆”，颠覆。

③乞师：请求援军。

④封豕：大野猪。

⑤荐：屡次。　食：侵食，吞食。　上国：指中原国家。

⑥虐：残害，侵害。

⑦越：离散逃遁。

⑧夷：指吴国，古人称吴越为蛮夷。

⑨疆埸（yì）：边境。

⑩未定：指未平定楚国。

⑪取分：占领一块土地，即与吴共分楚地。

⑫遂亡：就此灭亡。

⑬抚：安抚，存恤。

⑭辞：辞谢。

⑮图：谋划。

⑯未获所伏：还没有得到安身的地方。

⑰即安：去休息。安，安寝。

⑱《无衣》：《诗经·秦风》中的一篇，表达同仇敌忾的感情。

⑲九顿首：磕了九次头。古无九顿首之礼，申包胥求救心切，秦国答应出兵，他特别感激以至于九顿首。

【译文】

当初，伍子胥与申包胥是好朋友。伍子胥要逃亡的时候，对申包胥说："我一定要颠覆楚国。"申包胥说："好自为之吧。你能颠覆楚国，我就能使楚国复兴！"等到楚昭王在随国避难的时候，申包胥到秦国去请救兵，说："吴国像野猪毒蛇一样屡次侵吞中原国家，最先侵害到楚国。我们的国君没能守住自己的国家，逃亡在民间僻野，派我来告急求救兵说：'吴国人的贪心永远没有满足，如果吴国与您成为邻居，就会成为你们边疆的祸害。趁吴国还没有将楚国平定，您还是与吴共分楚国的一部分土地吧。如果楚国就此灭亡，这一部分就成为了您的领土。如果以君王的福威存恤楚国，楚国会世世代代侍奉您！'"秦哀公派人婉言谢绝，说："我知道你来请兵的事了，你暂且住下来，等我们商量一下再告诉你。"申包胥说："我的国君逃亡在外，还没有安身的地方，我怎么敢去休息呢？"站在那里，靠着墙嚎啕大哭，哭声日夜不停，连一口水都不喝，这样持续了七天。秦哀公很感动，为申包胥朗诵《无衣》表示出兵，申包胥磕了九次头才坐下来。秦国终于出兵救楚。

扩展阅读

晋侯观于军府，见钟仪[①]。问之曰："南冠而絷者[②]，谁也？"

有司对曰[③]：“郑人所献楚囚也。”使税之[④]，召而吊之[⑤]。再拜稽首。问其族，对曰：“泠人也[⑥]。”公曰：“能乐乎？”对曰：“先人之职官也。敢有二事[⑦]？”使与之琴，操南音[⑧]。公曰：“君王何如？”对曰：“非小人之所得知也。”固问之，对曰：“其为大子也，师保奉之[⑨]，以朝于婴齐而夕于侧也[⑩]。不知其他。”公语范文子，文子曰：“楚囚，君子也。言称先职[⑪]，不背本也。乐操土风[⑫]，不忘旧也。称大子，抑无私也[⑬]。名其二卿[⑭]，尊君也[⑮]。不背本，仁也；不忘旧，信也；无私，忠也；尊君，敏也[⑯]。仁以接事，信以守之，忠以成之，敏以行之，事虽大，必济[⑰]。君盍归之[⑱]？使合晋、楚之成[⑲]。”公从之，重为之礼，使归求成。

（《左传·成公九年》）

【注释】

①钟仪：楚大夫，成公七年（前584年）伐郑时被俘，送到晋国拘囚。

②絷（zhí）：拘絷，束缚。

③有司：官吏。

④税：同“脱”，解开束缚。

⑤吊：慰问。

⑥泠（líng）人：乐官。

⑦二事：与祖业不同的其他的事。

⑧操：弹奏。

⑨师保：古代帝王专设傅、师、保等官，对太子进行教导抚育。

⑩婴齐：楚令尹子重。　侧：楚司马子反。

⑪先：先人。

⑫土风：家乡的乐调，即楚声。

⑬抑：发语词。

⑭名其二卿：直接称呼令尹子重和司马子反的名。

⑮尊君：是尊崇晋君的表现。
⑯敏：敏达，敏捷而通达事理。
⑰济：成功。
⑱盍：何不。
⑲成：和好，友好。

【译文】

晋景公视察军用仓库，看到钟仪。问人说："那个戴着南方帽子而被囚禁的人是谁呀？"官吏回答道："郑国献上来的楚国俘虏。"景公让人为他松绑，召见并慰问他。钟仪拜了又拜，施礼叩首表示感谢。问他的职业，钟仪答道："乐官。"景公问："你会奏乐吗？"钟仪回答说："这是先人的职责，自己岂敢再做其他的事？"景公让人把琴给他，钟仪弹奏了一首南方乐调。景公又问："你们的君王怎么样？"他说："这不是小人所能够知道的。"景公再三问他，他才说："他做太子的时候，师、保侍奉他，他每天早晨向婴齐请教，晚上拜访子反，我不知道别的。"景公告诉范文子，范文子说："这个楚囚是君子啊。说话中举出先人的职官，这是不背弃根本；奏乐时弹奏家乡的乐调，这是不忘记故旧；谈君王举出他当太子时的事，这是没有私心；说到楚国二卿直呼其名，这是尊重君王。不背弃根本，这是仁；不忘记故旧，这是信；没有私心，这是忠；尊重君王，这是敏。用仁处理事情，用信来保障它，用忠来成就它，用敏来推行它，再大的事也一定会成功。君王何不放他回去？让他结成晋、楚的友好。"景公听从了范文子的建议，为钟仪隆重地举行了礼仪，让他回国去求和。

点评

在吴国大兵压境、君王流落他乡、国家生死存亡的紧急关头，申包胥挺身而出，毅然赴秦国求援。秦国按兵不动，秦君婉言谢绝，面对秦作静观的态度，申包胥劝之无效，继之哀哭，不食不卧，七日不绝。读到这里，申包胥怒发冲冠、向天号哭的形象，就会在我们的脑海里浮现出来。他的哭不只是对秦的乞求，这里有对秦不通情理的哀怨，有对吴入侵宗国的愤怒，有对楚王昏庸无能的哀怜，更有对祖国将亡的伤痛。由此，我们不禁为申包胥的爱国精神而震撼！如果有知，苍天也会感动不已的。

其实，爱国作为一种思想观念，它不应仅仅存在于理论中，而应该渗透到每一个公民的实际行动中。金兵入侵，辛弃疾起兵抗金，号召收复失地，这是爱国；国难当头，朱自清誓死不吃美国的救济粮，这是爱国；楚国钟仪被囚禁在晋国，仍然楚服南冠，乐操南音，这也是爱国！不论何时，不论何地，不论何事，不论何理，心中始终装着祖国，不背弃祖国，这就是有一颗真正的“中国心”了。